上海迷宮

一段以人性丈量中國的旅程

楊猛——著

目次

輯II 白修德之路

輯III 薩爾溫江的戰士

自序　穿越中國的旅行

旅行之意，多為空間距離的改變，從A地到B地。如果兼有探尋歷史的使命，則會多出時間的分量。

本書記錄了我在中國的三次跨越「時」「空」的旅行。

我結識了一群迷失自我的人，跟隨他們踏上尋親路，步入一段歷史與現實光怪陸離交織的時光隧道。

我重走一名美國記者四〇年代於中國的旅行路線，重溫逝去的新聞生涯，寫下對於記錄如何賦予記憶意義的個人意見。

最後，我遊走於西南邊境，記錄下沿途有趣味的人和事。歷史敘事具有多重視角。從自下而上的視角去觀察，會發現，看似無序和混亂的邊緣地帶，才是推動社會前進的基礎力量。

中國是龐大的敘事迷宮，唯有以腳丈量，才能發現可靠路徑抵達真相。我在行走中看見過去、看見命運。

那些旅行就像夢，很多細節已不可追述，只剩下了一種感覺、一縷煙。寫這本書的時候，我身在英國。曾經以為離開故園會一勞永逸地永遠忘記那些夢和創傷，但是時間像烙鐵結結實實印在靈魂上，滋滋作響，無可逃遁。

輯 I ·

上海迷宮

馬紹洪於 11 個月大的留影。圖上記錄拍攝日與其小名「洪濤」。
（右圖：馬紹洪提供）

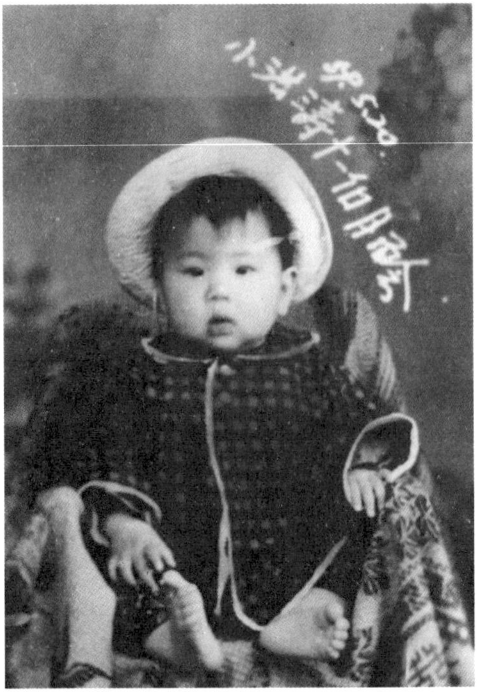

馬紹洪（前中）和養父母（前排左右）在安山的合影。
（下圖：馬紹洪提供）

「上海孤兒」

我的記者生涯得益於一些充滿勇氣和善意的陌生人的教益，遠遠大於書本上的仁義道德。

我記得是在二〇一七年的春節跟遠在河南的劉南香女士第一次通話，那會兒我在倫敦。可能她意識到將不久於人世，所以才有那麼強烈的表達欲。我最初有些不以為然，至今仍為辜負了陌生人的信任而深感內疚。我從未見過劉女士。我們始終只是在微信上交談。我還記得她的聲音。

聲音也能塑造一個人，賦予其意義，軀體灰飛煙滅之後，仍然在虛無的人生旅程中刻下痕跡。

她只是一名陌生的過路人，而她又是那類有勇氣的過路人，在生命的暮年起身去尋找真相、尋找家，尋找一個時光盒子去保留那些微不足道的聲音。就像無數擦肩而過的過路人一樣，他們賦予你靈感和觀念，然後轉身離去，消失在時間長河。

那是典型的倫敦式的淒風苦雨的一個早上，冬季流感正折磨得我痛不欲生。一年前，我們一家三口告別中國遷到英國生活。我仍然不適應倫敦的陰鬱多雨，甚至開始懷念起北京雖然霧霾嚴重、但還算得上四季有別的氣候了。

聽到劉南香開門見山，央我幫她「尋親」，我一時反應不及。我不曉得劉女士如何搞到了我的微信號——自從有了微信這玩意兒，我好像從未離開過中國似的。我在中國曾經做了二十年的記者，服務過數家報社，每離開一家報社，總會有讀者記得我，打聽到我的電話，冷不丁打來，或者爆料、或者只是敘舊，過後就消失了，因此我並不介意。比起我所服務的報社，這些陌生人顯然更關心我，更有人情味兒。

可是英國的網速太卡了——那段時間，英國政客就是否允許中國電信巨頭華為介入 5G 建設一直爭論不休。在時斷時續的交流中，我勉強聽清楚，劉南香，一九五三年生，出生後不久被遺棄於上海，送進孤兒院，又被領養到鄭州，二十多歲的時候，養父母先後過世，此後開始尋親，三十多年過去了，沒有任何結果。

讓一個身在英國的前記者幫她尋親？這可能嗎？我的記者生涯遇到過很多類似的傾訴，有的憤怒，有的哀傷，然而多數並無法實施有效的幫助——呈現在報紙上的新聞總是有選擇性的。劉南香式的故事，我都聽過和見過太多了，不足為人道。

對於個人來講，不解身世無疑是一輩子的陰影，然而在茫茫人世間，這樣的不幸事件只是微不足道的一朵浪花。如果以苛刻的眼光審視我們身處的世界，悲劇總是一樁接著一樁，充滿了遺憾，以至於作為觀者多少有些麻木不仁了。

劉南香可能察覺到了我的反應不太積極，給我講起一段困擾她許久的往事：

「一九九一年，我出差乘坐南京到漢口的客輪，在甲板上吹風的時候，遇到一對兄妹衝我指指點點。妹妹似乎指著我對哥哥說，這人好像我們家的某某人！那個哥哥看著我回應說，要是不死也應該四十多歲了。那年我四十三歲。不久，客輪靠岸，兄妹倆下船不見了。」

劉南香知道自己是被遺棄在上海的，但並不一定就是出生在上海，也有可能來自上海周邊。客輪上遇到的這一幕令劉南香陷入了長久的迷思。兄妹倆說的會不會就是早年遺棄的自己呢？多年來，劉南香的尋親足跡覆蓋了浙江、江蘇、安徽、上海。她從來不放過一條可能的線索，但是這麼重要的線索卻不小心擦肩而過了，為此她充滿了懊悔，「當時如果走上前去確認一下就好了！」

劉南香後來檢查出先天性心臟病，懷疑父母因為這個病才拋棄了她。時間一年年過去，兩兄妹的對話一直在眼前晃動。她又專門跑到南京港務局查詢，得知南京到漢口的航線已經停運，當時兄妹倆下船的港口，應該是安徽池州碼頭，於是又跑去池州尋找，依然無果。

「沒有親生父母的生命是一種缺失，」劉南香訴說道，「大家都沉醉在過年的喜悅中，而我這個漂泊在外幾十年的遊子卻怎麼都無法高興起來。越是過年的日子，越是思念親人。」

後來我才明白，劉南香的痛苦不是因為缺少愛，而是缺少歸屬。我們擁有原生家庭的歸屬感，所以並不能完全體會劉南香的痛苦。

劉南香的聲音柔弱、充滿悲情。儘管一次次的失望，她從沒有想過放棄。後來熟悉了，我發現劉女士總是對跟尋親有關的一切線索保持警覺，無論何時在手機或者微信上找她，她總是第一時間回覆，似乎永遠不休息似的——而當時在我看來，她過於偏執了。

我心不在焉地回覆劉南香，我人在英國，也許無法做更多的事情幫到她。電話那端傳來劉南香失望的嘆息，「你是一個善良的人。謝謝你能夠聽我的訴說。一句話，過年是孤兒最難過的時候。再次謝謝。這不是我一個人，而是我們全體上海孤兒的悲哀。」

我第一次留意到了「上海孤兒」這個稱呼。上海於我也有著一點淵源：我媽媽就來自上海。按照劉南香的說法，他們人數眾多，都在二十世紀五〇年代共和國的三年困難時期，被父母遺棄在大上海，後來又被送往北方的一些省市抱養，如今分布在中國各地。

幾天後，劉南香又介紹我認識了另一位遭遇相似的蔡秀琴女士。蔡秀琴生於一九五六年，一歲的時候，由養母從江南一帶抱養去了青島。「我們這批人至少有五萬，也許超過十萬，都是被親生父母遺棄在上海的。」蔡秀琴講話慢條斯理，言語裡流露出怨氣，「我們尋親數十年，沒人關注我們，社會視而不見。如果能查到詳細的身世記錄的話，也不用這麼辛苦去尋親了。」

跟劉南香一樣，她也沒有關於身世的完整資訊，養父母過世後帶走了所有秘密，不得不面對生命中一段長久的真空，此後半生都在為彌補這個真空而奔波。很多人在漫長的尋親中不斷碰壁，消磨了信心，沉默退縮了；劉南香和蔡秀琴仍不認命，但凡有一絲線索也不放過。

蔡秀琴隨後介紹我進入一個網上的尋親者論壇。眼前所見，字字血淚，猶如被時光機遺忘的世界，布滿蛛網和哀傷，跟欣欣向榮的身邊景象形成了極大反差。我在論壇上瀏覽一個個尋親故事，目光停留在一名河南尋親者存留的家信上：

「今因家中困難無法再去支持女兒生活，只好拋離她，因自己身體不好無勞動求業希望，希望幫人家理家務又無去路，這樣一周歲零三個月的小囡送給你們育院中，骨肉分離最為悲慘，提筆眼淚汪汪，這樣撫養一個小囡都沒辦法，我青年的婦女真可慚，到目前無法，只好拋離，自己無立身之地，存身之處，在新社會還有像我這樣痛苦，希望育兒院收留我的女兒，培養將來建設者，我也放她一條小性命，她亦逃出，苦中樂。」

信件用秀氣的繁體字書寫，個別措辭不太通順，似乎寫得匆忙，落款是一九五七年。留下這封信後，媽媽遺棄了親生女兒，永遠消失了。信的字裡行間，都在為一個母親的無情去辯護。

有一瞬間這封信觸動了我。我在有了女兒，升格成為父親之後，終於意識到年輕時苦苦爭取的「自由的個體」多麼可笑。愛是一座沒有圍牆的監獄。我自以為高明地去尋找不受羈絆的自由，不斷地掙脫開一個個牢籠，頭破血流，卻又為自己建造了一個新的牢籠，並且心甘情願。

透過那封信，我看到了一個柔弱的母親，做出痛苦的決定前輾轉反側。最終，她無力抵抗驟臨的風暴，放棄抵抗。那是一種壓迫性的力量，摧毀了為人母的驕傲、摧毀了原本堅固的一切——在我的成長過程中，對這種壓迫性的力量並不陌生。

按照蔡秀琴的描述，這些五〇年代被遺棄在上海的孩子，由國家統一安排，後來陸續被抱養到了新的家鄉：河南、山東、內蒙古、遼寧、山西，分配給祖國各地的工人家庭領養。蔡秀琴說：「我們都有一顆感恩的心，是毛澤東和周恩來養育了我們。我們是國家的孩子。」

言及「國家的孩子」的時候，她的語氣甚至帶有了一絲幸福的味道，慣有的悲憤也消失了。「國家的孩子」——我咀嚼著這個富有人文關懷意境的稱呼，很有溫度，似乎也模糊了問題的實質。是否存在過一場以國家名義進行的集體救助行為？他們的命運和上海是如何交集的？假設國家系統曾經介入，應該保留著大量關於棄兒源頭的記錄，不至於像現在這般毫無頭緒才對。

劉南香和蔡秀琴被遺棄的時間分別是一九五三年和一九五七年，我忽然想到，我媽媽從上海來到山東是在一九五五年，當年她十一歲。我父親則是在一九五九年獨自從青島來到省會濟南找工作，當年十三歲。我的母親和父親，相隔四年幾乎是前後腳來到了濟南，此後就扎根異鄉。那些「上海孤兒」們幾乎是在相近的時間段，遺棄於上海，再流向各地。我猜想，父輩們的漂泊和這些棄兒們的漂泊，也許都有一段相似的歷史背景吧？

當我試圖探尋父輩們人生早期的遷徙故事，卻發現自己和劉南香、蔡秀琴一樣，面對一個巨大的空白——我媽媽對這段歷史不清不楚。外公與外婆故去多年，她跟上海的遠親已不再走動。剛來山東的時候，山東同學完全聽不懂她的上海話，經過歲月洗禮，當年的上海小囡已經成了滿口地道濟南話的山東老太太。我和父親曾經長時間對抗，直到他二〇〇二年去世，我倆都沒有進行過很好的交流。那些當年從上海漂到山東，從青島漂到濟南的所有細節，就此無聲無息斷了線。

細究下去，大部分中國人的故事似乎都是模糊不清的、被巨大的時代車輪碾壓得一乾二淨、隨風飄散。在今天追憶那些悲傷往事本身就不合時宜，我甚至對中國曾經發生的故事產生了疑惑：那一切都是幻影嗎？

國家的孩子

劉南香的出現觸動了我對故園和故人的記憶：一九五五年，年輕的外公和外婆，帶著我的媽媽——他倆唯一的女兒——舉家遷至山東省會濟南。外公和外婆給我留下了對於上海人的全部正面印象：勤儉、心靈手巧、善於持家、關愛子女。我懷念他們。在我的幼年和青少年，物質比今天貧乏許多，在外公和外婆的操持下，我們的生活比起周圍人一直穩定和寬裕。因此在記憶中，「上海人」的身分代表了一種更先進和靈活的生活方式。聽了劉南香的故事，我甚至無端認為：拋棄親生子女這樣的事情，怎麼可能發生在上海人身上呢？

二〇一六年五月二日，我們一家三口人從北京來到倫敦，開啟一段新生活。我想起了一九五五年的那個夏天。在新中國成立不過五、六年光景的時候，那對帶著女兒的青年夫婦，為什麼從繁華的上海搬到了當時落後貧窮的山東？他們在尋找什麼？他們是否如我們遷來英國一樣，為獲得一份自由生活而充滿憧憬？

過去，我瞭解到的故事的大致輪廓是：外公是上海淮海路做活兒的一個裁縫，五〇年代作為支援山東建設的技術工人來到濟南工作定居。他們同一批來了好幾個上海師傅，都攜妻帶子。我還認識其中一、兩個。他們在春節會互相走動，用上海話交流，保持著同鄉之誼。他們有相似的生活習慣：整潔、體面、會過日子，愛吃濃油赤醬的紅燒肉。他們的生活水準似乎也比周圍山東人為好，因此流露出些許優越感。

我還記得，在外公與外婆所居住的大雜院裡，在一群大嗓門的山東鄰居中間，他們永遠改不了的上海鄉音是如何突兀和具有喜劇色彩。

現在想來，外公與外婆移民到山東之後，所承受的因環境改變帶來的心理衝擊是巨大的。我的記憶中還殘存了一些碎片：情感外露的外婆時常在我耳邊嘮叨「想家啊」、「可惜回不去了」一類的話。外公、外婆帶著幼時的我去過兩次上海浦東鄉下老家。外公的姐姐住在老房子盡頭的一間角屋，陰沉的磚土地面，牆角有一張烏黑的中式大廂床。記憶裡外公、外婆總是恭順地站在床邊跟姐姐講話。外公的姐姐裹著小腳、說著難懂的上海方言，似乎年老體衰，總是坐在烏黑的老式大床的床沿上，不怎麼動，床腳地上擺著一隻棗紅色馬桶，那種不美妙的氣味一直留在我記憶裡。

我上幼稚園的時候，有一次外婆接我回家，途中收到上海發來的電報，得到了外公的姐姐去世的消息。她當街放聲痛哭。外婆崩潰的樣子讓我手足無措。那一幕給我留下的印象至今無法磨滅。後來我才明白：姐姐死了，外公與外婆跟故鄉最密切的、也是最後的紐帶斷掉了，故鄉再無容身之所。外婆的痛哭是對漂泊的命運所表達出的深切哀悼。

我十九歲的時候第一次強烈感受到身為「異鄉人」的滋味。那年，外公與外婆相繼在十五天裡病逝——外婆是因為肝腹水，她離世後，外公過度悲傷誘發心臟病搶救無效。一連串打擊襲來後，父母陷入了手忙腳亂——他們竟然完全不懂得如何操辦符合濟南禮數的葬禮，「咱們外來戶什麼都不懂啊！」我記得父親這樣絕望地說。父親的親戚大都在膠東老家，沒人指點迷津。我媽媽沒有兄妹、在那個年代這很少見。他們突然意識到了作為形單影隻的「外來戶」的尷尬身分，原本四平八穩運轉的生活露出了窘迫底色。最後在老濟南鄰居指點下，給一對漂泊的上海老人按照山東老禮下葬，勉強算是「規矩」了。

外公與外婆在濟南生活了近四十年，一九九一年相繼過世，葬在濟南郊區山裡的公墓，墓園離他們居住的房子六十公里，離上海老家八百公里。我猜想：他們至死都在做夢能回老家吧？

外公與外婆的去世令我第一次意識到，我的家庭、包括我自己，都跟生活的地方沒有深切聯繫。我們一家人在濟南生活，其實不屬於濟南，濟南只是一塊暫住地，按部就班的生活讓我們忽略了這點。我沮喪於這個發現，產生了逃離的衝動。

老人家來到習俗迥異的地方生活，並非出於本意。他們這一批上海人集體來到濟南，表明是一種統一安排，或者可以說是「回應國家分配」。我父親流落濟南倒是自願的成分多一些。他是長子，下有三個弟妹，負擔重，一九五九年通過激烈的競爭，考取了山東省歌舞團，成為拿國家工資的舞蹈學員，為緩解家庭口糧的緊張局勢做出了卓越貢獻。

父親來濟南時才十三歲，身上只帶了五元錢——我奶奶給他的全部盤纏。在熬過了舞蹈學員的艱苦培訓之後，後來的多數時間只是在舞台上跑跑龍套，飾演歌劇中的「土匪乙」、「群眾丙」一類角色。三年之後，大概發現沒什麼前途，轉業進入了山東省博物館。在新行當，父親依靠勤奮和悟性，成長為一名優秀的書畫裝裱專家。一九七二年山東臨沂銀雀山漢墓文物出土，他和另外兩個同事，一根根清理出了著名的《孫子兵法》漢簡——這成了父親一生驕傲的資本。我讀初中的時候，有一天晚間在中央電視台《歷史上的今天》節目中，畫面帶到日本《讀賣新聞》上一張父親清洗漢墓竹簡的老照片，第一次瞭解到父親的工作對於傳承中華文明做出了影響深遠的貢獻。

我總是記得，父親回憶年輕往事時喜歡講的一段故事：剛結婚那會兒，為了解決肉類攝入的不足，父親有幾次在半夜裡爬到單位一棟年久失修的清代老樓上捉野鴿子。他拿著手電筒，躡手躡腳、屏住呼吸，木板樓梯上到處是鴿子蛋，蛋殼發出青色螢光。鴿子一見燈火，就呆若木「鴿」，動彈不得，手到擒來，蛋鴿分裝，回家扔到水缸悶殺，褪毛下鍋。早晨就聞到了肉香。

父親的述說給少年的我種下了一幅畫面：一隻代表了生命和希望的鴿子蛋，散發著青色的螢光。

同樣我也記得，當爺爺病危的消息從青島傳來，父親在飯桌上因悲痛而失態。神態和當街慟哭的外婆何其神似！他們對漂泊的命運發出了共同的詠嘆。那一刻，鴿子蛋上的青色螢光完全暗淡、消失。

在我看來，父親有點「生不逢時」。他骨子裡是一個渴望自由的人，他成長在一個動盪時代，建立了家庭，在體制內成為一名技術專家，工作性質塑造了他謹慎小心的性格，他努力維繫著生活的穩定，這和他內心追求自由、奔放的一面形成了衝突。隨著九〇年代市場經濟大潮的到來，生活壓力驟增，看著技不如他的那些所謂專家在書畫市場上混得風生水起，賺得盆滿缽滿，而他卻不得不在單位裡受困於評選職稱和人際關係這些瑣事，無力擺脫。他有很多人生計畫，但是手腳被束縛住了，活得很累很辛苦。父親後來得了癌症，我懷疑跟他的鬱結心境有關。

我成長的年代趕上了改革開放，一夜之間，中國告別了節奏緩慢的步伐，走上高速發展之路，不疾不徐的童年一去不返。回過頭看，這種改變的規模和速度都十分驚人，以一種集體主義的、全民動員式的方式進行。颶風過處，落葉滿地。像我們的家人，都不是先知先覺的人，一直在過去的體系按部就班運轉，也真的被一股歷史大潮捲進入了新時空，至今帶給我極大的疏離感。

我選擇了一條跟父輩們不同的生活方式——很大程度上拜時代所賜——我讀大學的時候開始自費了，畢業的時候開始自謀職業了，工作時開始取消固定工而改為合約制了。總之記憶中一直貫穿了動盪不安。我跟父母的關係缺乏詩意，父親特別執著於家庭秩序，而我一直在極力掙脫秩序，青春期的叛逆在我和父親之間投下了長期的陰影。畢業後我一頭扎進了新聞業，希望憑藉寫作手藝可以名利雙收。父親去世後，我幾乎是迫不及待逃離濟南，來到北京。我急於擺脫那種無處不在的束縛和精神壓力，像一條饑餓的野狗，對於任何攔路的東西都想狠狠咬上一口。

北京彙集了幾乎全中國所有渴望逃離禁錮的年輕人，那種心有戚戚的氛圍令積壓心頭多年的陰影驟然消失。我在北京延續了記者生涯。我和父親在某些方面很像，對待自己的事業充滿了理想色彩，相信「技不壓身」。憑藉勤奮和少許靈氣，我在報導領域贏得了一些名聲，為此沾沾自喜。但是同樣的問題來了，我想追求更大的寫作自由和空間，這不可避免和既有體制構成衝突，而我不善於妥協，性格的局限再加上個人情感問題，打擊接踵而至，北京最初帶給我的喜悅逐漸退卻，鴿子蛋上的螢光消褪了。

我想獲得更大的空間，但是空間越來越小。一面巨大的無形之牆橫亙眼前。我在牆上看到了父輩們的命運。我的外公與外婆的一生就像是一張被鑲嵌在牆上的照片，聽憑擺布；父親試圖擺脫控制，但是無能為力。我不管不顧撞得頭破血流從這牆上跌了下去。

二〇一六年我告別生活工作了十三年的北京，一家三口搬到英國生活。倫敦東南部的一棟維多利亞風格的房子裡，一段新旅程又開始了。這裡平靜，似乎回歸了生活本意。我不斷告別舊生活，以為能一勞永逸擺脫掉那些壓力，當我逐漸適應了異國生活的環境，發現更深的來自文化的溝壑無法逾越。我所期待的那個消除了所有歧見的世界並沒有想當然出現。異國生活的這些年，英國脫歐、新型冠狀肺炎流行，每一次巨大的社會衝擊，都令我感到了身為新移民身分的尷尬。中國身分是個巨大的精神和文化烙印，我們並不能簡單地成為我們自己。那些熟悉的壓力並未走遠。鴿子蛋的螢光仍舊遙不可及。

就像那個拋棄了女兒的媽媽在信中流露出的情感：我們能通過不斷的告別，迎來一個更好的自己嗎？看到那位放棄了抵抗的媽媽的信，當街痛哭的上海鄉下女人在我記憶中復活了，瞳仁映射著鴿子蛋螢光的青島青年復活了，那個一直在挑戰風車的自己也復活了。

我頭痛欲裂。人到中年，才發現成長漫長荒蕪。想起這些難免沉重。

上海勾起了我對飄零身世的複雜感受。這個春天，當回頭去看，往事充滿了缺憾。命運早就做好了安排，我只是徒勞地與之作戰。我們必然終身攜帶「國家的孩子」的印記，無法擺脫。

我離開中國，反而去固執地想念它。不是懷念什麼具體的事物、而是創傷讓我們被羈絆，成長經歷中沉澱在內心的無法自癒的精神危機，不能釋懷。

我似乎捕捉到了那道創傷的模樣，但是它飄忽不定。後來我理解了，它就是中國一路披荊斬棘高速發展的時候，丟失的我們每一個自己。

我迫不及待想要馬上回到中國，去看看劉南香和蔡秀琴這些「上海孤兒」們的生活。

尋親大姐

六十六歲的呂順芳一邊上網一邊打電話。電話那頭的人似乎正跟她諮詢著交通路線。她忙著回話，扭頭示意我自尋方便。

這是四月底，江蘇宜興。江南空氣裡已經泛起蒸籠般的熱氣。呂順芳的家在一棟居民樓的頂層，拾掇得很乾淨，能看出是個利索人。她灰白短髮，動作麻利，大嗓門，說話抑揚頓挫、條理清晰。

在眾多上海棄兒們的口中，呂順芳是一位古道熱腸的「尋親大姐」；而在另外一些人的描述裡，呂順芳成為民間尋親活動的符號性人物之後，暴露出性格缺陷，脾氣暴躁、武斷，逐漸不受歡迎。

放下電話，呂大姐告訴我，一名旅居加拿大的尋親者來宜興尋求她的幫助，此刻剛在浦東機場下飛機，一會兒趕過來。

等人的空檔，呂順芳領我看她剛寫好的毛筆字。中國書法講究「字如其人」。她寫的字也是精氣神十足。呂順芳現在有了一個新身分，她被聘為宜興市博物館的志願者講解員。她感到驕傲。她是有精神追求的人，通過不斷學習來武裝自己，並非那些滿足於家長裡短的普通農家婦女。

剛接觸，我就被她的生活態度吸引。這個歲數的中國老人有很多在享受天倫之樂，不再追求新鮮事物；呂順芳顯然是個例外。

她的電腦桌下，胡亂放著幾個紙箱，堆滿了列印成A4紙大小的尋親者資料。這些都是她幫助尋親積累的。她珍惜名譽。之所以成為遠近聞名的公眾人物，除了熱心、喜歡張羅，還因為愛學習、聰明、對新鮮事物接受很快，這些都凸顯了她在一群平均文化程度不高的尋親者中的領袖氣質。

說起尋親，呂順芳自己也有一段悲傷家史。她曾有一個妹妹，在上世紀五〇年代末開始的三年災害期間被母親遺棄。時間是一九六〇年四月，妹妹呂雅芳當年不滿三歲。

呂順芳回憶道，「那年我讀小學三年級，家裡揭不開鍋了。媽媽決定送出去一個孩子，扔到上海。」

當時她很想代替妹妹，覺得到了上海會有飯吃。「我對媽媽說，送我走吧。」但是大孩子送不出去，一是自己能跑回家，再者孩子大懂事了、會被問出家庭情況送回。於是媽媽決定送年幼的妹妹。

媽媽後來告訴呂順芳，她帶雅芳坐了七小時的輪船先到常州，然後換火車到了上海，從火車站出來，走到天目路，看到一座很氣派的樓房，大概覺得裡面可能住著有錢人，媽媽讓雅芳坐在台階上，留下一個燒餅，轉身離開。

過程簡單直接，缺乏細節支撐。這段經歷成為媽媽謝秀妹的心事，直到去世沒能放下。呂順芳工作之後，利用走南闖北跑業務的機會，四處打探妹妹的下落。後來，她開始幫助有著類似經歷的離散家庭去尋親，從中似乎得到了一些精神慰藉。畢竟，她也可能成為那個被遺棄的孩子。

二〇〇〇年五月，呂順芳在無錫組織了「第一屆江南棄兒尋親會」，北京一家報紙評價說「這是棄兒尋親從無組織到有組織的關鍵節點」。像一盤散沙流落在中國各地的棄兒們，被呂順芳用一根繩串在一起。此後每年「五一」長假，她都在南京、無錫、常州、江陰這些棄兒較多的城市興辦尋親會。來自中國各省的棄兒聞風而動，彙集江南，舉著資料牌尋找親人身影。

一個以呂順芳為核心的尋親網路逐漸成形。五湖四海的棄兒們遇到呂大姐這樣的熱心人，無疑是件幸事。尋親會如同磁石，吸引了具有相同創傷的棄兒們。憑藉跟棄兒們的多年接觸，呂順芳估算，在全中國範圍內，這個群體的人數至少有十萬之巨。在呂順芳的幫助下，不少人找到了親屬。媒體報導稱，她說明大約二百名孤兒找到了親生父母。她對這個數字表示認可。

尋親大姐的義舉感動了社會，她先後入選無錫市精神文明建設十佳新人新事、江蘇省第九屆精神文明建設新人新事，榮獲首屆全國道德模範提名獎、首屆江蘇省道德模範、無錫市道德模範的稱號等，還受到了國家領導人的接見。一次媒體採訪中，呂順芳表示：「親情是人世間最寶貴的財富，每當我面對尋親者一雙雙期盼的眼睛，就感到自己有責任去幫助他們。我只是做了一個普通公民應該做的事情。」

在這個不為外人知的尋親網路中，呂順芳有著很高的威望。她掌握了龐大的尋親者資源，記憶力又好，隨便問她一個尋親者的名字，她都能準確說出當事人的尋親資訊，以及跟她交往的故事，具體到哪年哪月哪天，張口就來，從不出錯。

呂大姐招呼我跟她一起去菜市場，為即將到來的加拿大尋親者準備晚飯。她身材矮小而行動敏捷，不顧飛馳而過的汽車，兀自橫穿馬路，穿過一條弄堂，抄近路進入一家修在簡陋水泥建築裡的菜市場。她是常客。人們敬畏她的直率和不留情面。她毫不避諱地咒罵往街道傾倒髒水的商販，又大聲質問另一個商戶為什麼把菜葉垃圾堆在過道上。

她輕描淡寫地告訴我，第一次婚姻留給了她一個兒子、跟第二任丈夫有一個女兒。聽上去，她似乎正跟第二任丈夫陷入冷戰，如今自己獨居。「我喜歡這樣。更清淨！」她告訴我。中國人重視外界看法，也不喜歡對外宣揚家庭矛盾。呂大姐卻不看重這些東西。她活得率性直接，對一些被視為人之常情的東西並不在乎。

臨近傍晚，菜市場正在收攤，顧客不多。呂大姐選了一條鱸魚，指揮魚販宰殺清洗，又買了新鮮的蠶豆和莧菜。我們一起往回走，一路上斷斷續續交談。經過一座小住宅樓，她指給我看二樓的一個窗口：「那就是我以前的家。」現在這裡住著第二任丈夫和女兒，她並不願意跟他們有什麼交集。在這座小樓底層，是一家名為「尋親大姐熟食店」的門臉。這也是呂大姐的房產，出租給一戶安徽人做熟食生意，賣滷制的鴨貨下水。

呂順芳是敢闖的人。改革開放初期，宜興湧現了很多生產電纜的小工廠。呂順芳很早就跑起了業務，到全國各地推銷宜興產電纜，後來又承包了施工隊，積累了可觀收入。呂順芳顯然不同於一般的家庭主婦，見過世面，這樣的人在小圈子裡必然是中心人物。

世事難料。現在尋親活動內部遇到了分裂。交談中，呂順芳不時發出抱怨。她解釋說，為了提高尋親效率，她鼓勵每一位尋親者在血庫中留下血樣做比對資料。呂順芳跟北京的一家物證鑒定中心合作建立了尋親基因庫，迄今積累了三千多位尋親者的資料。有一些尋親者認為呂順芳和這個指定血庫存在利益輸送。呂大姐深為流言困擾。

以前，呂順芳會組織天南地北的尋親者到宜興周邊開尋親大會，然後找來新聞記者報導，活動影響很大。但是最近幾年這種大型尋親活動越來越少了。她簡單總結說，尋親者的構成很複雜，特別是有人公開指責她以尋親為名謀取私利之後，心灰意冷了。

「我已經不再組織大規模的尋親活動了。」她言語中流露出失望。

我後來發現了另一個原因：呂順芳組織的尋親活動，前期有一些成功率，引起了媒體和輿論關注。而近年來的成功率似乎越來越低，已經很難吸引追逐收視率的媒體的關注。對於尋親活動來說，只有廣泛發動輿論才能增加成功率。而如果缺乏關注，路子就越來越窄。這令她萌生退意。呂順芳的名字已經和尋親活動綁在了一起，因此她又不得不繼續投入精力，對待媒體的訪問也很重視。這個晚上，除了我，還有一家北京媒體的記者來拍攝呂順芳。

廚房裡，蠶豆洗淨剝好，鱸魚掛在水龍頭前，一切準備就緒。計程車停在呂順芳家樓下，體格高大的馬紹洪走下車，拎著旅行箱徑直上了四樓。還在加拿大的時候，馬紹洪就跟呂順芳在網上取得了聯繫，一見面就熱絡寒暄：「呂大姐，我這次尋親就全靠你了。」

呂順芳爽朗地應著，立馬招呼著做飯。前來幫忙的一個本地朋友，在呂順芳的指揮下，把蠶豆放入滾熱的油鍋，給新鮮的鱸魚淋上豉油（醬油），撒上香菜，香氣四溢，房間變得富有生氣，普通中國家庭最為注重的晚餐時間到來。

「明天我們就下鄉。」呂大姐宣布。

「我全聽您的。」馬紹洪說。很多人也是第一面就完全信任了呂順芳。她直率、專注，很容易就能贏得陌生人的好感。

晚餐後，馬紹洪坐在餐桌前講起了自己的身世，她簡練總結道：「我在新立屯十七年，在鞍山十七年，加拿大十七年。這三段生活構成了我的人生。」

然而這是一言難盡的人生。

馬紹洪一九五八年出生，三個月大的時候，被一趟列車運到鞍山，聽說這列火車上載滿了從上海發現的棄嬰。

列車的終點是遼寧鞍山鋼鐵廠。廠區的大喇叭正在廣播：因為南方受災，一批遺棄的孩子被國家統一分配到了鞍山，優先讓條件好的工人階級領養。養父母是一對在鞍山鋼鐵廠工作的青年工人，無法生育，報名抱養了馬紹洪。「馬紹洪」

是這對回族養父母給起的名字。

記憶中，養父母沒什麼文化，粗俗，但是心眼好、善良。她一歲的時候體弱多病，養母就辭工來照顧她；五歲的時候，養父在一次工傷事故中壓殘了一隻手，只好離開工廠，全家回到了老家新立屯，從工人階級淪為農民，當時屬於困難戶，需要接受救濟。她記憶中最苦的事情是大年三十晚上沒飯吃。

馬紹洪八歲的時候，就幫家裡賣雞蛋。沒活路了，養父幹起了當時被稱作「投機倒把」的生意，其實就是換破爛，賣錢給供銷社，再買來諸如番茄一類食物，拿去黑市賣，賺生活費，結果挨了批鬥。「如果我爸不搞投機倒把，我們就得餓死。」馬紹洪說。

十歲的時候，馬紹洪跟養父吵架，氣急的養父甩出一句話：「你不叫馬紹洪，你叫李立秋。」她已經忘記了這次爭吵的原因，但是此後再不敢惹父親生氣了。這是養父母唯一一次提及她的抱養身分。

令馬紹洪驕傲的一件事是，一九七一年，她十三歲的時候，為了養父因工傷被辭退的事兒，她幫沒文化的父母寫了一封申訴信，自己坐上三個小時的長途車，拿著信到鞍山上訪，挨個辦公室去敲門、申訴。如此持續了一年，最終養父解決了待遇問題，落實了政策。

一九七六年馬紹洪中學畢業，一九七八年恢復高考，她考上了瀋陽化工學院，從農業戶口變成了城市戶口。一九八二年，馬紹洪大學畢業參加工作，剛有了穩定收入，六十二歲的養母因為心梗去世，沒來得及享她的福。養母的身世也很傳奇，據說年輕時因為性格豪爽、長相俊美得到過一名土匪鬍子的青睞。養母沒念過書，比養父大了七歲，對馬紹洪很是稀罕，因為是領養的緣故，對馬紹洪看得很緊，這一度讓青春期的馬紹洪反感不適。現在她只念養母的好。說到這兒，馬紹洪眼睛紅了。

「這就是命啊！」她發出了大多數中國人都耳熟能詳的一聲嘆息。

馬紹洪一九八四年結婚，男方也是回族人，是一名工程師。她工作努力，後來當上了一所技校的副校長。一九九九年三月父親去世，十月，馬紹洪跟隨丈夫來到了加拿大，陪伴兒子讀書和工作，開始了異國生活。過去四十年間，中國人獲得了前所未有的經濟自由和遷徙自由，中國人的腳步遍及全球幾乎每個角落。

我見到馬紹洪時，她已經在加拿大生活了十七個年頭。

馬紹洪身上，有這一代中國人共有的特質，具有強韌的生活能力，再惡劣的環境，也能生存下來，這跟成長歷練有關。粗糙的生活磨礪了他們。

但是跟養父唯一的一次爭吵總是沒有辦法忘記。「李立秋」——養父脫口而出的這個陌生名字，就像個謎，困擾著馬紹洪，讓她陷入迷思。世事變遷，養父母並沒有給她留下更多的線索。人生即將步入花甲之年，她決定追溯前世，飛回中國來尋找答案。

聽完馬紹洪支離破碎的敘述，呂順芳很肯定地說：「你們這個年紀的人，大多數都是從我們這裡送出去的。」

呂大姐語焉不詳地解釋，那些年，宜興每個村子都有扔孩子的，大部分都扔到了上海，然後這批孤兒都從上海流向了全國。

「我怎麼覺得你像是一個人？她剛巧就是丟了女兒！」呂大姐說。她十分興奮地翻找電話簿撥打電話，告訴馬紹洪，那家人住在宜興的高塍鎮，並且很快就在電話裡跟對方約定第二天去認親。馬紹洪聽了十分高興。看起來複雜的尋親，似乎輕易就讓呂順芳搞定了。

除了「李立秋」這個來路成謎的名字，馬紹洪無法提供任何實質意義的尋親資訊，呂大姐如何能斷定馬紹洪就是宜興本地人，而不是來自幅員遼闊的中國其他地方呢？這引起了我的好奇，一整夜都沒睡踏實。

次日一早，用過簡單的早餐，呂順芳帶領馬紹洪乘車來到了宜興的廣匯社區。一下車，早就等在那裡的地方電視台的記者們，迅速圍攏過來。為首的是長期跟呂大姐合作的《宜興日報》的丁記者。馬紹洪化了淡妝，穿了一條合體的裙子，圍了一條彩色絲綢圍巾，顯得很有神采。面對電視台的攝影機鏡頭，她開始重複講述自己少得可憐的尋親資訊，就像昨晚跟我們說的一樣。

「我有一個心結。為人父母，如果我要是有一個女兒或者孩子流落外面，那我一輩子會死不瞑目吧。」馬紹洪說。

而今天的另一個主角，那個在五〇年代遺棄親生女兒的一家人，此刻正站在一旁充滿狐疑地看著馬紹洪。

黃仲華早上接到電話，得知五十九年前被遺棄的二姐似乎有了消息，高興得不得了。黃仲華的母親周秀英育有四個子女，大哥黃萬華，大姐黃仙華，二姐黃菊華，小弟黃仲華。一九五九年，饑荒蔓延的時候，村裡很多人選擇把小孩遺棄到上海。二姐黃菊華就是在那時送走的。

他們遠遠地看著馬紹洪，不住地搖頭，馬紹洪五十九歲，而遺棄的姐姐今年該是六十三歲了，歲數不符。雖然從面相上看，馬紹洪和他們兄弟的輪廓確有幾分相似。這個工夫，遺棄了女兒的老媽媽周秀英，已經拉著馬紹洪的手，開始用濃重的宜興鄉音，講述五〇年代末發生的事情。

她沒頭沒尾的講述中，再現了悲劇的一幕：當時這個地方還叫高陞，鬧災的時候，一家人一年都沒有一頓正經飯吃。到河邊地裡割點草，洗一下，燒燒吃，就算一餐。村子已經餓死了六十多人，很多人家把孩子丟到了上海，因為聽說上海才有餅子吃。二女兒哭著對媽媽說，要是不送我到上海吃餅子，我就餓死了。大概在村人的口口相傳中，上海是還能吃上飯的地方。村子有個叫彩英的女孩，是菊華的好朋友，剛剛餓死了。周秀英開始為女兒擔心起來。菊華走路直打晃，瘦小的身軀眼看扛不住了。周秀英跟丈夫商量，決定把五歲的小女兒菊華送去上海。

周秀英坐了一夜的小船，次日一早又坐公車到了上海，走到湖南路，女兒沒力氣了，還惦記著吃餅子的事情。她對媽媽說：「媽媽，就在這裡吧。」絲毫不知道這是最後的告別。周秀英借著給孩子去買餅的名義，讓菊華在原地等待，然後躲在遠處看，直到女兒大哭，引來了路人圍觀，她知道女兒被發現了，起碼有人管了，於是掉頭離開。她永遠記住了那一天：一九五九年陰曆十二月二十七日。

周秀英抹著眼淚講，一九六二年，家裡情況好轉的時候，曾經打算去上海找女兒，但已經在茫茫人海中丟失了線索。

聽到傷心處，馬紹洪也流下了眼淚。她知道眼前這個說著自己聽不懂的方言的老人，並不是要找的親生母親。「黃菊華」和「李立秋」顯然不是同一人。同時她也清楚這趟尋親之旅不會一帆風順。

很可惜，認親並沒有成功。汽車再度駛出了這個原本是農田、現在被現代化的住宅樓覆蓋了的社區。過去貧瘠的農村被新興的城鎮取代，柏油路碾壓了農田，也掩蓋住了曾經發生在這塊土地的悲歡離合。

高塍鎮和呂順芳居住的官林鎮，位於無錫腹地，如今都是富有生機的經濟和工業重鎮，在半世紀前的饑荒中都陷入絕望。根據《無錫縣誌》第五卷農業一節的記載：一九五九到一九六一年，當地農民口糧每月僅七點五到十公斤稻穀，棄嬰、外流和餓死人畜現象時有發生。

可以肯定的是，在這片土地上，曾經發生過大範圍的棄子現象，幾乎每個村莊都有。出於某種相似的原由——認為上海有口糧保障能吃上飯，人們選擇把孩子拋棄在上海。也就是說，「上海孤兒」其實並不只是來自上海本地，很多來自宜興這樣的周邊地區。

晚上，我們聚在呂大姐家收看宜興電視台的節目。上午的尋親經歷已經製作成十五分鐘的短片，在黃金時間播出。呂大姐對自己的形象出現在電視上習以為常，倒是馬紹洪感到新鮮。節目稱她是加拿大歸來尋親的「馬大娘」，卻稱呼比她歲數大的呂順芳為「呂大姐」，這讓她忍俊不禁。馬紹洪開玩笑說，尋親的第一個收穫是發現自己「老了」。大家都很輕鬆。

次日，呂順芳又帶領馬紹洪到宜興下轄的溧陽尋親。有了昨天的經歷，我意識到這種撒網式的尋親準頭兒有限，成功率不會很高。但是看到呂大姐熱忱的笑臉，又充滿了信任與溫暖。

我跟馬紹洪告別，離開了呂順芳家。我認定呂大姐式的尋親是經驗式的。呂順芳的自信在於，她是歷史事件的親歷者，熟知當年宜興周邊一帶發生過的悲劇。因為她的影響力，周邊早年的遺棄資訊彙聚到她周圍，這成就了她前期幫助尋親的高成功率，但是當尋親達到一定飽和以後，就很難再有新進展了。

「我已經不再尋親了。」我想起了呂大姐念叨的這句話，猜想其中很大的原因，可能就是成功率變低，舉辦尋親會的意義不大了。

剛開始，馬紹洪尋親的意願十分強烈。到了最後，希望漸漸淡漠了。

在呂順芳說明下，我認識了越來越多的尋親者，進入了一個由簡單的零散資訊和巨大的悲傷編織而成的網路。呂大姐和馬紹洪為了探尋個人身世，攜手進入一個光怪陸離的歷史迷宮。他們居住在中國不同的省分，因為尋親而聚合在呂順芳周圍。他們賦予自己一個悲情色彩濃重的名字：上海孤兒。

呂大姐說了一句意味深長的話：「我們這裡的人，腦子活，看到你家把孩子扔到上海，我也就去扔，好像誰不扔，誰就吃虧了一樣。」

我對這話感到震驚，誰不拋棄親生子女，誰就吃虧了？這是一種什麼樣的生存邏輯？開始我並不能理解，後來才領會到背後隱藏的沉重含義。

中國式尋親會

幾天後，具有中國特色的一場「尋親大會」在臨近宜興的江陰開幕。江南柳絮紛飛，人們在江陰寬闊的大街匆匆而過。他們不知道，身邊江陰中學的校園裡，一場尋親者的秘密聚會正在進行。

早上八點，我從城市的主幹道拐進江陰中學操場，沿著路牌指示向教學樓走去，沿途出現了四處張貼的尋親啟事，如同常在城市角落見過的那類啟事，A4紙上羅列了尋親者資訊，附有照片、聯繫電話以及「必有重金酬謝」的字樣。有的貼在樹幹，有的貼在花圃欄杆上，開始是零散的，逐漸越來越多，最後匯成一大片，就像是街道辦事處的黑板報比賽，花花綠綠，蔚為大觀。出現在教學大樓門前的是一條大紅橫幅：

「夢圓江南二〇一七江陰尋親會」

在偏安江南一隅的江陰，為什麼會舉辦這樣一場尋親會？活動的組織者、江陰志願者協會的負責人李勇國早些時候在電話裡告訴我：「在過去困難時期，我們江陰很多人家曾經遺棄過孩子！」我想知道更多，李勇國告訴我，來江陰實地看看就知道了。

我告別了呂大姐，從宜興來到江陰的尋親會現場，眼前的壯觀景象讓我驚訝，在移動支付都已經普及的中國，居然還有這麼落伍的上世紀八〇年代流行的尋人方式：在封閉的環境中，通過張貼啟事來尋親。這可不是農民的耕牛被偷之後，去集市上尋牛那麼簡單。從尋親者構成看：河南、山東、河北、山西、北京、天津，大江南北無所不包，統統彙集到江陰尋親，很有「大會」特色，但是其成功概率有多大，頗令人生疑。

八點半，從一樓大門口到三樓禮堂，沿途幾乎每個角落都被鋪天蓋地的尋親啟事所覆蓋。我一張張瀏覽，它們大部分都有統一的格式：塑膠封皮，紅紙黑字，羅列著當年物證和原生家庭資訊，言之鑿鑿，又都模稜兩可。江陰中學的教學樓已經人滿為患，耳邊傳來天南地北的口音，他們迫切的神情，表露著共有的身分：尋親者。

消瘦、有些謝頂的李勇國坐在我面前，點上一根菸，他流露出跟單薄的身軀不同的莊重氣質。在他身後的辦公室牆壁上，掛滿了諸如「大愛無疆」、「我生尋得骨肉親感恩人間關愛情」一類的錦旗，都是尋親成功者贈予的，提醒來客這是一個符號人物。牆壁另一面，則是尋親者的「會員分布圖」。

他剛剛從一群來自河南鞏義的尋親者中脫身。尋親者把他當成了軸心，圍住他講述這一年來各自的尋親經歷。在李勇國的操持下，江陰的尋親活動已經舉辦了好幾次，平均一、兩年一回。李勇國在這些尋親者中間有著不容置疑的威信，他也熟悉跟這些各地尋親者的交流方式：簡單直接。

我問李勇國，怎麼想起組織這種尋親大會？

李勇國說，他是江陰志願者協會的秘書長。作為五〇年代生人，他知道當地很多村莊都發生過遺棄孩子的事情，並且很多丟在了上海、南京一帶。開始，他偶然幫助了一名棄兒找到江陰家人，因此滾雪球般認識了越來越多的被稱為「上海孤兒」的尋親者——他的講述跟呂順芳幾乎如出一轍。李勇國也具有樂於助人的品性，於是開始張羅起了尋親大會，影響越來越大。

根據多年跟孤兒群體的接觸，他發現了一些時代特徵：有一批尋親者出生於七〇年代，當時執行計畫生育政策，很多超生家庭為了逃避懲罰，不得已把超生孩子送人或遺棄，這些棄兒主要是女性。而五〇年代末到六〇年代初遺棄的孩子，則主要跟共和國三年困難時期的歷史背景相關。

尋親組織和志願者組織應運而生，在尋親網路中扮演著重要角色。尋親者來自五湖四海，也要成立一個組織，這是集體化年代的印記。尋親群體中，各種資訊相互交叉印證，人們試圖縮小尋找半徑。即使尋不到親人，也能填補空虛的精神生活，所謂「同病相憐」。

民間人士的活躍還印證了一個現實：政府層面並沒有參與其中。無論是呂順芳組織的尋親會，還是李勇國組織的尋親會，都在民間熱鬧了好多年，媒體也時常報導，而政府保持了旁觀姿態，沒有反對也並沒有表示特別支持。一切尋親活動都是民間關起門自發進行的。

令人困惑的是，當年拋棄孩子的地區涉及多大範圍？哪裡是重災區？江陰和宜興比較的話，情況有何不同？

李勇國遲疑了一下回答：「很多棄嬰都是從我們這個地方出去的。」

「全國性饑荒，幾乎沒聽說過東北孤兒、山東孤兒，偏偏有了上海孤兒，難道你們這裡有扔孩子的傳統嗎？」在中國版圖中，江南向來是經濟和文化發達區域，為什麼成為另一項不光彩記錄的創造者？

李勇國也沒法提供統計學上的資料去證實他的觀察。「我也在問自己這個問題，為什麼江陰這個地方這麼多棄嬰？是不是這裡真有扔孩子的傳統？這也是我的疑惑。」他說。

李勇國點了一根香菸：「怎麼說呢，江南嘛，人的腦子比較活絡，對於生命似乎並不是很重視，如果有了孩子，吃不飽飯、要罰款什麼的，不如索性就丟掉，讓孩子有個好人家。這沒什麼好奇怪的。我身邊的村子裡就有好多。」

他對自己的這個解釋也並不滿意。什麼原因像傳染病一樣，帶動了本地的棄嬰風潮？棄兒們自己怎麼看？假如大家的出生地都集中在江陰周邊區域，通過大規模尋親找到各自家人的機率應該很大，可事實並非如此。

不久我明白，類似呂順芳或者李勇國組織的民間尋親會只是星星之火，很多尋親者也願意借著這火種去造勢，引起輿論重視，警醒冷漠的社會，最重要的是，喚醒原生家庭的親情，讓他們走出來接納自己。

李勇國給我介紹了一群來自河南鞏義的尋親者。鞏義是位於河南省會鄭州邊上的小城。我們圍坐在會議室圓桌周圍交談，就像開一個體制色彩濃厚的座談會。她們你一言我一句，思路雜亂。我不得不請鞏義尋親者的代表首先講話。

組織者人稱馬大姐，瘦小幹練，手臂上露出一截紋身。一見面就告訴我，她在杜拜做生意，有需要可以找她，顯示出生意人的爽快。馬大姐的朋友圈裡，有她在杜拜摩天大樓前拍的照片，以及到各地旅遊的留影。她後來又拉我進了鞏義尋親者的微信群，鞏義的其他尋親者看上去也都生活不錯，有的做生意、有的享受天倫之樂。可以看到，經過四十年的經濟發展，中國人民的生活水準得到了普遍提高，獲得了更大的自由。按照「馬斯洛需求層次理論」，衣食無憂是人類最低最基本的需求，最終目標則是自我實現，對於半生奔波的棄兒們來說，這是一個必然的旅程。

這些尋親者的講述大同小異：剛出生的時候，從上海集體送到了河南鞏義。他們大部分生於六〇年代，比起劉南香、蔡秀琴、馬紹洪，年紀差了近十歲。顯示遺棄是一場跨度很長的行為。彼時困難時期已經結束，似乎饑荒仍然產生了持續的連鎖反應，人們習慣性地擔心孩子會成為負擔，遺棄或者就是在這種情況下發生。馬大姐他們也篤定：身世都和那場饑荒有關。能顯示這是一種集體行動的資訊是，鞏義是一座工業城市，而工人家庭是當時有經濟能力撫養孩子的群體，很多人的養父母都是當時有優先選擇權的工人階級，表明這是一場目的明確、有組織的人口轉移。

這跟馬紹洪的敘述類似，而和劉南香、蔡秀琴式的單獨抱養又有不同。相同的是，上海被定義為共同的家鄉。一些成功的尋親案例支持了這種觀點。

多年來，鞏義的尋親者聚在一起，他們的悲傷往事在群體中得到了熱烈呼應。雜亂無章的敘述再度響起，我不得不再次打斷他們，然後彼此交換了聯繫方式，結束了這場群訪。從我作為記錄者的角度，鞏義尋親者並不能列舉出更多有價值的資訊。我是務實的採訪者，需要找到清晰的敘事軸心，對事件做出基本描述。

我的初步印象是：尋親會是一種盲目低效的活動，尋親活動多年來一直處在自發狀態，對尋親難度缺乏充分估計，對各類線索缺乏有效的甄別手段，這就是為什麼人們把尋親的希望寄託在尋親會一類民間組織或呂順芳、李勇國這些個體志願者身上的原因。我有點殘酷地想：經故鄉門而不得入，也許就是他們的宿命。

上午九點，尋親大會正式開始。

這場尋親會充滿戲劇性，有聲情並茂、元氣充沛的女主持人，有押韻的串場詞，有志願者的卡拉OK演唱以搞活會場氣氛。會場外，穿白大褂和紅馬甲的志願者幫助尋親者現場登記、採集血樣。李勇國告訴我，他們鼓勵尋親者採集血樣，集體送到蘇州一個DNA中心，建立尋親者血庫。這個做法跟呂順芳推動的尋親者血庫類似，都是借鑒了中國公安部建立拐賣走失兒童DNA血庫的經驗。之前的尋親成功者多是得益於採血比對。

我意外得知，呂大姐聯繫的血庫，跟李勇國聯繫的血庫，一個來自北京，一個來自蘇州，兩家還存在某種競爭關係。這給後來尋親者的分裂也埋下了隱患。

事實上，呂順芳和李勇國早期是合作關係，後來也發展成為了競爭對手。

似乎是為了駁斥我的關於尋親會效率可疑的觀點，此時舞台上高潮迭起：江陰志願者幫助三個本地家庭找到了早年遺棄，如今生活在山東、河南、安徽的親生女兒。這三個女兒都生於七〇年代、在管理嚴格的計畫生育時期遺棄。現在，經過前期的ＤＮＡ比對成功之後，江陰的父母來到現場與他們拋棄的女兒相擁相認了。伴隨著主持人的煽情廣播，現場傳出一片心碎的哭聲。

我注意到前排一個黝黑的漢子站起身，激動地鼓掌，哽咽，眼淚止不住湧出。「我太激動了。」這名黑紅臉膛的光頭漢子告訴我。

此人叫李海栓，來自山西陽泉。風吹日曬而顯得僵硬的肌肉線條，配上那副無法控制的激動表情，直覺告訴我，這是那種表達粗糙而感情真摯的人。

李海栓在陽泉經營了一家礦石加工廠，依靠山西豐富的煤炭蘊藏，因地制宜發展了耐火材料加工。他擺脫了傳統農民終身依附土地的模式，獲得了更高的回報和經濟自由，過上了想要的生活。雖然生活在汙染嚴重生存壓力巨大的新興城市，但是生活充滿奔頭。這很像我所理解的國人，秉有強烈信念，認為所有付出都會得到回報，沒有什麼克服不了的困難——這種動力改變了中國。

李海栓也是來尋親的。他很早就聽說自己是被遺棄在上海街頭，送進了上海的孤兒院。他的伯父，一個山西傷殘軍人去上海抱養的時候，僅僅知道，這名棄嬰的身上留了一張字條，顯示原名叫「卞志明」，進入孤兒院後更名為「朱少來」。「朱少來」這個名字暗含了一個光榮傳統，他們這一批「上海孤兒」，名字都追隨共和國的開國元勳。「朱」，指的是朱德，「少」代表劉少奇，「來」是周恩來。這個名字的組合意味著，這些孩子都是國家領導人過問下收養的，也是蔡秀琴提及的「國家的孩子」的一個證據。

李海栓生活的一千多人口的村子裡，就有兩個從上海抱來的娃娃。養父母從來沒跟他說起過這些事情。老人待他不薄，李海栓也不好意思問。覺得問多了不近人情。即便心中常存疑惑。

李海栓結婚那天，養母囑咐他把大伯請到婚禮現場。母親的鄭重印證了一個傳聞：當年正是參加了抗美援朝的殘疾軍人大伯，在公社裡開了證明，從上海孤兒院抱養了「朱少來」，然後過繼給了三十二歲的弟弟，更名「李海栓」。他現在明白了，養母用這種方式表達對大伯的感恩。李海栓的出現，令這對沒有後代的樸實夫妻有了一個完整的家。

養母二〇〇六年八月去世，養父二〇一一年也走了，兩位老人都沒有當著他的面說過抱養的事情。看著鏡子裡風吹日曬的臉，李海栓無力想像，擁有這張糙臉的主人的另外一種人生是什麼？

養父母過世幾年後，李海栓偶然結識了也是從江南抱養到山西的梁素梅。梁大姐人熱情，喜歡張羅，成了山西尋親者的聯絡人。梁素梅在上海孤兒院發現了「卞志明」被抱養的資訊，一路摸排，找到了李海栓，困擾後者多年的謎團終於坐實，隨即李海栓加入到了山西的尋親者小組中。

兩眼有神、梳著短髮的梁素梅也來到了江陰會場，她告訴我：「我們一共從山西來了十二個人，其中包括兩名當年棄兒的子女。」

她指著坐在我身邊的一個戴眼鏡的青年介紹說，這是李海栓的兒子李彥斌。身材敦實的李彥斌告訴我，父親很少出遠門，他擔心父親在外面受騙，特意陪著來參加尋親會。

「我很支持父親尋親。我媽媽也很支持。她是一個普通的家庭主婦，出門前，對我爸說，『就想知道你有幾個兄弟姐妹』。」李彥斌說。

坐在前排的李海栓側著頭、很用心地聽我們講話。

李彥斌在家鄉煤礦上班，近年效益不好，他在微信上做起了微商，經營一種保健品，因此有時間陪父親來參加尋親會。接觸了一些上歲數的尋親者之後，我發現這個群體的一個特徵是相對保守，對外界充滿疑慮。也許是身世過於苦澀，讓他們輕易不敢相信陌生人的善意，擔心再次受傷。除了山西人行事縝密的特點，李彥斌也有跟父親不同的作風，樂於對很多事情發表獨立看法，不乏針砭批評。

李海栓和其他一百餘名來自中國各地的尋親者這次要失望而歸了。整整一天，江陰中學的尋親會現場如梅花間竹般熱鬧，但是在這個封閉空間，他們並沒有等來要找的親人。

次日，第二場尋親會又來到了相鄰的常熟。尋親會地點選在常熟近郊的一處麥德龍賣場的頂層停車場，如此偏僻地方，加上是星期日，賣場沒有營業，參與者比起江陰少了很多。

少有人來認親。失望籠罩著這個群體。他們按照不同省分圍在一起，安靜坐著，小聲交談，似乎早有心理準備。

依舊是各式尋親資料懸掛了整個停車場的空間。我認識的鞏義尋親者已經走掉大半，後來看他們的微信朋友圈，很多人在江陰尋親會結束之後，立馬去了華西村觀光。江陰的華西村是中國改革開放的成功標誌，當年貧窮落後的村莊成為了共同富裕的典型。尋親者每年會參加各種尋親會，不斷碰壁之後，心態變得放鬆。既然尋親無望，就權當旅行。

會場的另一側，三位來自天津的尋親者正在聊天。我走過去跟她們交談。她們有鮮明的天津人特徵，快言快語、幽默。為首的大姐駕車載著另外兩名尋親者一起來，其中一位大姐，生活富足，孩子在日本定居，另兩位也都不差。她們知道尋親的勝算不大，但是每次都不缺席。就算尋親不遇，也當做是一場說走就走的旅行。

這些多樣的面孔展現了充滿悲情的尋親活動的另一個側面。四十多年來的高速發展深刻改變了中國社會。棄兒們的父輩一直生活在動盪年代，出於對生存壓力的恐懼，斬斷了親情。而棄兒這一代，經歷了中國由封閉動盪到開放繁榮的過程，更加自信，可以跳出自己的視野，去理解過去發生的事情。現實並不完美，她們更加珍惜現在的生活。

及至後來，我陸續參加了合肥尋親會、上海崇明島尋親會。發現這種以地域為單位，按照古老辦法進行的尋親活動的效率都非常低。尋親資訊只在封閉的小圈子迴圈，外界並不知情。對外的宣傳仍然借助傳統媒體，雖然增加了微信和移動互聯網的應用，影響也局限在小圈子裡，資訊無法擴張到更大範圍。ＤＮＡ血庫的出現增加了尋親科學性，但是，李海栓這些出生於五〇年代末的棄兒，現在都步入花甲之年，親生父母已經老去，是不是還在世都成了疑問。現實中如果只是棄兒們一廂情願在尋親，將注定無解。

另一方面，因為劇烈的社會變遷，很多人實際處在孤立的原子狀態。自發的尋親活動的出現，意味著外部社會救助環節的機制性缺失。在中國這樣龐大的社會體系裡，沒有行政力量的干預，大規模的交叉比對和尋親，幾乎很難有效開展。

我瀏覽著掛在停車場上的尋親啟事，無意中發現了曾在論壇上見過的那封哀怨的母親寫給遺棄女兒的信。這封家書放大製作成一張紅底黑字的海報，在一片大同小異的資訊中，特別引人關注。

我向來自河南的尋親者打聽，這個名叫鄭玉珍的尋親者有沒有來到現場。一位大姐告訴我：「沒有來。每年都尋親，啥也沒有尋到。心灰意冷了。」

我記下了尋親者的電話，決定找到此人。

記憶的迷宮

河南安陽。江陰尋親會結束幾天之後，我找到了鄭玉珍。

一九五七年五月九日，鄭玉珍在上海市普育路孤兒院門前被發現，當時穿紅棉衣，身上找到兩封信。信中說棄兒一歲三個月，據此推斷生日為一九五六年二月六日。

在孤兒院待了僅僅幾天，五月二十二日，鄭玉珍就被領養了。收養者是一個河南的殘疾軍人，經常打她，被鄰居告到了街道主任那裡，終止了抱養。於是橡膠廠鄭姓工人收養了她，成了她的第二任養父。

鄭玉珍是少有的保留了父母物證的棄兒，這比較少見。或者這位媽媽幻想著以後可以憑藉信物與女兒重逢。可惜關鍵資訊缺失，無法知曉書寫者後來的命運，也沒能幫助鄭玉珍找到家人。

隨著我這個不速之客的出現，原本閒散的下午消失了。這些年，日復一日的家務、偶爾作為社交參加的廣場舞，占據了前橡膠廠女工鄭玉珍的大部分日常生活。所謂「前」有兩層含義。鄭玉珍曾經服務了幾十年的橡膠廠已不復存在，那家工廠在計畫經濟年代為化工部定點生產橡膠製品，後來消失在疾風暴雨般的國企改革歷史中；鄭玉珍退休多年，她對外部世界的認知定格在圍著單位過活的計畫年代，至今都感到與當下生活的格格不入。

六十二歲的鄭玉珍走進臥室，拉開大立櫃抽屜。兩封信插在抽屜邊上。她取出信，返回客廳坐定，打開其中一封，抖抖信紙，薄而脆的紙張發出窸窸窣窣的聲音，撞擊著空氣。

「這就是媽媽留給我的信。」她念叨著，神態和姿勢都肅穆起來，悲傷掛在臉上，眼睛潮濕，彷彿在舞台帷幕開啟的前夕，努力醞釀情感作為出場的鋪墊。

一片遊雲遮住了窗戶，房間暗淡下來。她的生母像下午的陽光突然消失，只留下了這兩封信。留下了關於那個真實自我的唯一線索，沒有多餘的資訊，此生再也追尋不得。媽媽就像曾經作為精神寄託的橡膠廠一樣，說沒就沒了。本來鄭玉珍還以為會伴著車間揮之不去的橡膠味道終老。可是廠子說垮就垮了。對鄭玉珍來說，那只是生理意義上的母親，一個橫亙在生命中的無法驅散的陰影。世事無常，至今令她百思不解。

人們在上海街頭發現了這個被遺棄的孩子。那是早上，趕著上班的穿著黑色和藍色中山裝的男人，紮著紗巾遮蔽風沙的女人，圍攏過來，發出各種議論。她停止哭泣，抬頭看到周圍陌生的臉，但是沒有熟悉的媽媽的臉——這一幕常在鄭玉珍記憶中出現。

成長路上，兩封信一直保存在鄭玉珍身邊。這使她產生錯覺，生母並沒走遠，而是在不遠處一直注視著自己，近到隨時可能跳出來摸一摸自己的臉似的。現在她明白這一幕幾乎不可能發生了。就像橡膠廠破產永遠不會復生一樣。

鄭玉珍忍不住想像寫信的女人：她是什麼樣的人？殘忍拋棄了女兒，又留下語意晦澀的信，她想要告訴世人什麼？

每次打開信，都像打開令人煩惱的一段秘密。她控制不住情緒，喉嚨發出悲嗚，在庸常生活的強大慣性面前，這樣的痛苦即使被激發出來，也明顯氣力不足。

「骨肉分離最為悲慘，提筆眼淚汪汪，這樣撫養一個小囡都沒辦法，我青年的婦女真可慚……」

她開始輕輕地誦讀這封信——不是念，而是誦讀、研判、破案。彷彿那不只是一封信，而是一段命運的符碼。用這種儀式化的方式，才能匹配其隱含的令人生畏的意義。

字裡行間的口氣，是那個年代特有的婉轉。行文有些沒頭沒尾，還帶著經由社會主義改造而未完全消褪的私塾氣，字裡行間的轉折，又像是出自某個街頭代筆師傅之手。如是，則可推測那位痛苦的生母並不識文斷字。

「一九五七年四月一日」這天發生了什麼變故，令媽媽扔掉了自己？鄭玉珍嘆了口氣。她中學畢業就進了工廠，理解力有限，此時寧願媽媽當初講得直白一些，好讓她明白究竟發生了什麼？

「她也是痛苦得很，走投無路了，才會把親生的孩子丟掉。」她自言自語，然後搖搖頭，拿起第二封信：

育兒院負責同志：

我是一個很悲慘的婦女，心中苦悶的人。

這個是我親生的女兒，寄於人家之地，已有一周歲另三個月，我自己的生活扣撫養之費，靠身上的衣服賣掉度日，我亦寄與人家處居住，過著很悲痛的日子，養這個小女時難產，身體未全，人家見我眼中之釘，她的爸犯了錯誤去勞教，我在紙上敬求院中把我女兒收留這唯一的要求。

取名方荷。

這一封自然是留給孤兒院的，「方荷」就是鄭玉珍的本名。從信中看，似乎家裡遭了禍，父親勞教，年輕的母親不堪生活壓力、不得已做出了斷，遺棄了親生女兒。那個年代，一個彷徨的女人，除此之外，難道還有別的選擇麼？令我印象深刻的是這位媽媽的哀嘆：在新社會還有像我這樣痛苦的人！這又有誰能夠想到？

她回憶起，養母一九七四年去世以後，善良的養父就告訴了她的身世，並敦促她尋親。也是在這一年，鄭玉珍作為獨生子女進了養父母所在的橡膠廠，成為一名會計。周圍工人都知道她的身世，讓她倍感壓力，也因此更勤逸工作，怕遭人非議。

一九八〇年前後，鄭玉珍由一個上海籍工友帶領，跑去上海一帶尋親，根據那封生母遺留的信找到了在普育路的上海孤兒院。結果看門師傅毫不客氣地說：「這把歲數還找什麼找！估計你們都是私生子才被扔掉的！」這話令鄭玉珍十分難過，自此斷了念頭。

「有時候想不通，偷偷哭。」她告訴我。

進入九〇年代，隨著市場經濟的衝擊，過去旱澇保收的廠子眼看就黃了。一千多號人的棲身之所頃刻間煙消雲散。為了生存，鄭玉珍開始擺攤做起了小買賣，賣些襪子之類的日用品。攤位就在廠子的門前，一晃五、六年。直至幹不動了，決定徹底退休。

她二〇〇〇年加入了安陽的尋親者組織，去江南尋親七、八次，想當然爾無一成功。這麼多年來，親媽留下的兩封信一直陪伴著她孤獨的心靈。

讀完兩封信，鄭玉珍陷入了沉默。她不甘心半個世紀的積怨都讓信上這模稜兩可的幾句話概括和奪走。

「活了一輩子不知道自己是誰！」她自言自語。每當鄭玉珍結束自己的故事，在表達遺憾的情緒的時候，就重複這句話當做暫停鍵。

太陽完全消失了，房間的光線暗淡下去，鄭玉珍沉默的剪影望向窗外。

從鄭玉珍家的窗口望出去，在安陽市行政東區的中軸線上，有一座占地龐大的中國文字博物館，收藏著刻在龜甲上的文字，記錄了遠古中國的秘密。安陽是古老中國的文明腹地，華夏民族很早就意識到「記錄」的價值，這個記錄——書寫——發展了一個民族的文明史，令今人看到先人對天空、大地的瞭解，對生育和死亡的體驗，並在此後源源不斷的記錄裡保留下帝王將相和時代興亡。

而像鄭玉珍這樣一個卑微的棄兒，卻被排除在外，時間模糊了他們的期盼，並不完整的書信也無法為他們保留下更多關於身世的線索。

無論劉南香、蔡秀琴，還是鄭玉珍、李海栓和馬紹洪，他們的人生足跡完全不同，分布在不同的生活空間，卻在某一點上具有了相似之處——他們都是來自上海的棄兒。

追溯棄兒的隱秘身世，如同通過掌紋去臆斷人生一樣不現實。我認識了越來越多的「上海孤兒」。他們年近花甲，都聲稱在上世紀五〇年代末被親生父母拋棄在上海，又追隨莫測的命運漂流到中國各地，此生都背負著「國家的孩子」之名，這名字帶給他們榮耀，卻也給他們帶來屈辱。

以今天的眼光看，他們出生的五〇年代，是一個高度政治化的年代，一個集體主義盛行而個體形象模糊的時代，並沒有留下詳盡的線索。他們追尋自我的努力，很可能是一場徒勞。

我想，唯一明晰的路徑，就是根據他們記憶中殘留的畫面，做一幅拼圖，重構家鄉資訊。在認識了越來越多的上海棄兒之後，我請求他們描述記憶中關於家鄉的畫面，以及回憶脫離親人前的那些幽暗時刻。

大多數像鄭玉珍和李海栓這樣三歲前即被拋棄的孩子，對外部世界的認知尚未成熟，表達能力和理解力也不完善，無法掌握家庭的真實資訊，所以，父母不必擔心孩子被人遣送回家。當孩子們長大開始淡忘過去的時候，已經身處收養家庭。

像馬紹洪出生僅一個月就被遺棄，隨後在很短的時間裡送去了遼寧。現在她說一口地道的遼寧話，形象氣質和飲食習慣都跟一個地道的東北婦女無異，對於江南故鄉並無天然的親近感。

即便那些遺棄時超過三歲的孩子們，其殘存的記憶也是支離破碎。後來的時間長河已經把他們磨練成了另外一種人生，磨斷了跟出生地隱秘的精神紐帶。他們只是固執地認為，自己來自上海和江南一帶，卻沒有多少有價值的資訊。

我後來認識了一些領養時至少五歲或者更大的孩子，這個歲數對環境的認知和理解力初步成形，因此保留了對於原生家庭的模糊記憶。他們的記憶千奇百怪，有的敘述不乏魔幻色彩。但是從千差萬別的敘述裡還是可以梳理出一些共通的線索。

以下為部分尋親者的講述。

楊金花：

一九五二年七月十五日出生。記得被抱養時親生父親已故，離家不遠有條河。一九五九年或者一九六〇年冬天，親生母親謊稱去買燒餅，藉口遺棄，之後被人送到了上海孤兒院。現居安陽。

周建華：

一九五五年五月二十六日出生，一九五九年底一九六〇年初遺棄。記得家中還有兄弟或者妹妹，家應該在上海市區的繁華地帶，街上有小河。有一婦女（可能是我生母）拉著我，她懷裡還抱著一個孩子，把我放到一個大門口外面，給我買了四個燒餅，燒餅還用一個小毛毯捲著，叫我坐在門口；天黑有人領我進一個大門，在裡面住了大概一天，第二天坐著小火輪擺渡到了一個地方。裡面很多小孩，後來想大概是個孤兒院。在裡面住了不足一個月，隨同大批上海孤兒來到了河南安陽。

李用芹：

一九五四年七月五日出生。記得家在農村，家裡有父母和一個姐姐，印象中父親瘦，母親胖，姐姐瘦，我胖。牆上貼著牛糞，燒草做飯，當時姐姐背我去街上玩，還到地裡給我拔過甘蔗根吃，在街上見過搗糧食的石臼。後來不知道怎麼到了孤兒院。現居安陽。

王和平：

生於一九五五年五月十五日，一九六一年從常熟領養到安陽。記得家南邊有個幼稚園，村東南有個池塘，池塘裡有水牛，池塘裡種菱角，在幼稚園經常吃菱角。村旁邊有條很小的河。房後種竹子，有時還吃竹筍。鄰居只有五、六家，西邊鄰居還養著牛。當時家附近還有部隊拉練，經常去看。一九六一年二月左右被領養到安陽。

陳保家：

一九五五年生。記得老家門前有一條河，住的是瓦房，房屋有兩層，下面一層放有馬桶，我被哥哥領著出去玩，在火車站，哥哥去買吃的，我在路邊等，就這樣被哥哥丟失（應為遺棄），後被送到上海孤兒院。一九六〇年被送往山西陽泉。

王海風：

一九五三年生。記得是被人用幾個燒餅騙去然後遺棄到了上海的汕頭路，時間是一九六〇年八月二十八日。後送到了上海保育院，現在領養到了山西陽泉。

王海梅：

一九五三年農曆八月十七日生，一九六一年四月二十八日遺棄在上海閘北區的天目路。當時身穿紫紅色對襟棉襖，黑單褲，花條襪子，身上裝有六百元偽幣。記得家裡有姐姐哥哥，父親對我說，家裡無力撫養，姐姐哥哥送出去都回來了，把你也送出去願意不？我說願意。父親說，大了還回來。一九六一年五月三日被養父領回山西盂縣生活至今。

王海明：

一九五三年農曆二月十八日生，一九六〇年二月被遺棄在上海市的四川路。當時身穿破棉襖，紅白條帽子，上有一人頭。資料顯示叫朱家明，安徽人。一九六〇年四月被領養到山西。隱約記得家裡有父母、哥哥、姐姐、弟弟，在土丘和丘陵地帶，家旁邊有大魚塘，房屋前面有水塘，山裡面好像還有大象！

王存福：

約一九五四年出生。記得大約一九五八年秋天，一天母親帶我步行去縣城，我家可能住在縣城的南邊，到縣城後，我也不知道怎麼與母親分手的。後來被民警領到一個崗樓裡。我哭鬧了一陣就睡著了。第二天被送到了江陰縣孤兒院。不久被養父領養到河北省峰峰一礦。

梁素英：

生於一九五四年。一九六〇年五月四日舅舅領我出來買大餅，把我丟在上海的湖南中路，記憶中住的是樓房，我和奶奶在地上睡，樓前有一個很大的操場，用籬笆圍著。

郭春華：

生於一九五六年十月五日。大約五歲的時候，剛過年，有一天上午，爸爸、媽媽（腮上有顆痣）、哥哥、姐姐和一個大約三、四歲的妹妹，全家乘著小船，划船從水路走了大約半天到上海碼頭。上岸後爸爸帶我一個人去吃飯，買到飯後，爸爸讓我吃，他再給我買點吃的，叫我等他。天快黑了，我等不到爸爸，有一個穿制服的叔叔叫我在他的工作地待到天亮，天亮後他騎著自行車將我送到上海育嬰堂。不到一個月後，被養母抱養到了安陽。

——這些是我搜集到的部分尋親者對於家鄉的回憶。他們大部分被領養去了河南、山西等地。被遺棄的時候多數在五歲以上，已經有了對於外部環境的理解力。

整理這些資訊發現，其中包含了一些共同特點：大部分孩子被遺棄和發現的時間，正是五〇年代末至六〇年代初的「三年困難時期」，表明災情嚴重，家庭受衝擊而解體，人倫崩塌，對生活前景失去了信心。

他們被遺棄的地點大致在上海及周邊的無錫、南京等地。一些孩子聲稱被遺棄在上海的四川路、天目路，這些路段現在仍是繁華區域。當時很多孤兒院的收養記錄也顯示了這個特點。如果僅僅出於減輕負擔的念頭，父母完全可以選擇其他極端方式，比如拋於荒郊野外，甚至以某種方法殺害孩子。而把孩子遺棄在繁華路段，顯然是希望被路人發現，讓孩子能活下去。

他們雖被遺棄在上海，並不代表來自上海本地。這應該符合遺棄的一般特徵：多數把孩子遺棄在離家鄉有段距離的地方，目的是隱瞞家庭資訊，防止被人發現並遣送回家。

進一步梳理尋親者的敘述還發現，多數孩子的家鄉帶有明顯的南方特徵，比如小河、石臼、竹林、水牛、菱角、家中有馬桶等細節，都是典型的江南鄉村事物。

再根據他們的描述，被遺棄前都坐過小船、小火輪一類的小馬力交通工具，說明都生活在上海周邊的交通圈內，至少和上海距離並不遙遠，與上海有水路相連，通過簡陋的水上工具就可以到達上海。

這些大約在五歲或五歲以上被遺棄的孩子還留有對原始家庭的零星記憶，但是都不完整，他們頭腦中保留的某個生活片段，也可能是後來成長時期的場景被移植到了之前的記憶中，因此可信度存疑。描述中出現的小河、竹筍之類典型的江南事物，並不排除是在成年掌握了出身秘密之後，干擾了殘存的記憶而拼湊出的圖景。這在心理學研究上並不鮮見。

從上述個案可知，除了一人有明確資訊來自安徽，大部分人的籍貫無從查明。據此可以判斷，他們來自上海周邊口音接近的地區，因而經驗豐富的收養機構也判斷不出他們的具體家鄉。相比之下，倒是安徽口音跟本地口音的差異性比較明顯。

比較驚奇的是，一個叫王海明的棄兒記憶裡出現了大象。我很好奇，是不是兒時曾經在動物園觀看大象的經歷太過深刻，從而移植到了家鄉記憶中？

「很多往事都記不清了。」王海明操著一口濃重的山西口音，對我的疑問不置可否。

王海明現住山西陽泉。被遺棄的時候大約七歲，不過這也是個大概年齡，包括身分證上的生日也是養父母估算出的。他只記得家門前有一個很大的湖，冬天很冷，窗戶上掛著冰凌。離家不遠有座山，山裡出現了大象，也許是小象。冰凌和大象，這一南一北的事物都出現在他的記憶中，匪夷所思。而記憶就在這一刻模糊了。

然而與親人最後的分別時刻卻抹不掉。「應該是我的姐姐，帶我去上海吃飯。在一家飯店，姐姐走掉了，剩下我一個人。等到飯店關門的時候，我才意識到自己丟了。」王海明告訴我。

王海明隨即被送入上海孤兒院，待了大概幾個月之後，被來自山西陽泉的養父母抱養。在八〇年代，他曾經去上海一帶尋找，按照記憶裡大山的樣子尋找家鄉，但是沒有發現目標。大象永遠消失了。

把孩子的敘述拼接在一起，發現他們在遺棄的當天，都經歷了同一件事：吃飯。

比如：「親生母親謊稱去買燒餅」、「給我買了四個燒餅」、「哥哥去買吃的，我在路邊等」、「買到飯後，爸爸讓我吃飯，說再給我買點吃的，叫我等他，天快黑了，我等不到爸爸」，諸如此類。

遺棄他們的人，有些是親生父母，有些是舅舅或者哥姐之類的直系親人。遺棄的手段是食物引誘：買燒餅、買大餅，顯示食物供不應求，對饑餓的孩子具有強烈吸引力。用食物分散孩子的注意力，把孩子遺棄在某戶人家門口，然後成年人趁機溜走，一去不回。這幾乎成了固定套路。呂順芳的妹妹和周秀英的女兒也是這樣被丟在上海街頭的。

假設一個並不存在、但是符合邏輯的場景：饑餓蔓延導致恐慌，父母決定遺棄因缺少熱量而哭鬧不休的孩子，食物是最具誘惑力的東西，也是誘騙孩子的工具。上海或者周邊地區是遺棄高發地。因為交通不便，大範圍的遷徙在當年並不實際，經濟因素和因饑餓導致的體力匱乏都會是阻力，故而不太可能來自路途遙遠的地方。遺棄者的原籍和遺棄地點之間一定相隔不遠，或者至少是當年的交通工具可以方便到達的地方。這些棄兒發現的地方，留下了大量上海印記，這也是大多數人都篤信自己是「上海孤兒」的重要原因。從上海接納並且改變了他們的命運的角度來看，亦屬合情合理。

這些記憶拼湊出骨肉分離前的幽暗一刻，以及那個時刻的唯一主題：饑餓。越是樸素的回憶越讓人感受到骨肉分離的痛苦。我不知道，他們在成長的過程中是否還會繼續相信親情、家庭這些人類社會的運行基石？抑或隨著歲月流逝原諒了父母當年的舉動？

收養他們的養父母顯示了博大胸懷。同樣面臨饑荒，有人遺棄了親生子女，也有人讓出了口糧，接納了這些沒有血緣關係的小生命。

遺憾的是，對於這樣一次大規模集體事件，缺乏權威的全面記錄。火車行進到隧道前因為缺乏亮光指引戛然而止。再度起身時已經轉換了時空。

這個春天，我親眼所見，似乎尋親者和外面的世界處在不同的頻道。中國依舊在高速前進，而尋親者想要停下腳步，回溯過往。似乎通過回憶，才能撫慰傷口、確定存在的意義。但是歷史在某個地方打了一個結，他們不得而入。

沒有目標，沒有線索。與其說在尋親，不如說他們在試圖推開一扇並不遙遠的歷史之門，但是眼看著這道門已經沉重地關上，一籌莫展。

無錫尋蹤

來自不同地方的家庭，為什麼都把目的地選擇在上海？什麼吸引了他們的目光？

我記起了呂順芳講過的話：「我們這裡的人，腦子活，看到別人家把孩子扔到了上海，我也就去扔，好像誰要是不扔，誰就吃虧了似的。」

我好像悟到了什麼。

很多尋親者提到了「余浩」這個名字。尋親者嘗試通過行政手段查詢收養檔案，有些福利機構保存了早年檔案，但以當事人無法提供收養資料、無法證明是棄嬰本人的名義而拒絕提供查詢——讓自己證明自己，這有點難為尋親者。

余浩退休前在無錫孤兒院工作，負責管理檔案，私下說明過青島和濟南的一些尋親者找到早年的收養記錄。二〇〇四年退休前夕，余浩預感到會有越來越多探尋身世之謎的棄兒來找他，就利用值夜班的機會，把當年由他經手的棄嬰收養檔案都複印保留了一份。

「我想留個檔案，為需要幫助的尋親者提供一些線索。」余浩在電話裡告訴我。事後證明，今天再去調閱這些檔案已經不太可能了。

我意識到，所謂「上海孤兒」是一個寬泛概念。只是因為這些棄嬰被發現於上海，或者被上海的孤兒院收養。他們具體來自何方？沿著怎樣的路徑彙集到了上海，又如何流向了全國各地？也許在余浩那裡可以發現答案。

——

無錫站就像是令人望而生畏的巨獸，北面是高鐵站，南面是老火車站，數十台吊車在轟隆工作，要把兩個車站打通，未來形成一個規模更為巨大的怪物。我在迷宮樣的無錫站裡暈頭轉向，來回穿梭尋找出口。

余浩家離無錫火車站不遠。我好不容易從地下通道鑽出地面，沿著縣北巷經過兩個路口，在繁華的解放東路的一棟商住兩用大廈六樓，找到了七十五歲的余浩。

居室擁擠，頭頂掛滿了晾曬衣物。余浩妻子胡女士提醒我，這個地段房價升值很快。余浩正在電腦前聚精會神地關注當日股市。房市和股市，都是普通中國人青睞的財富可能快速增值的領域。余浩起身和我打招呼，老人清瘦，頭髮花白，下巴上幾縷白色鬍茬，牙齒快掉光了。他衣著隨便，看起來很和善。

說起孤兒話題，這名已經退休多年的前無錫孤兒院的工作人員，眼睛冒出炯炯的光來。

余浩的妻子是無錫人，早年下鄉到了余浩的家鄉鹽城，跟余浩結婚成家。一九八四年，余浩隨妻子把戶籍遷回無錫，之後長期在無錫兒童福利院工作。余浩第一天去上班的時候，無錫市兒童福利院尚在現今惠山「聽松坊」風景區附近辦公。他所在辦公室主要是為收容棄嬰建檔、辦理家庭領養業務。如果棄嬰找不到親生父母，就需找有意願的人家抱養；他們給雙方辦理體檢登記。

一九八五年以後，余浩發現收容的棄嬰明顯少了。改革開放扭轉了中國農民被禁錮在土地上的命運，享有了生產自由，收穫了糧食，吃飽了肚子，「農民有得吃了，就不扔孩子了」，余浩說。

一九八六年，福利院專門辦理家庭領養的辦公室撤銷。負責檔案管理的一名老同事退休，余浩從前任手裡接管了一批老檔案。這批檔案記錄了無錫一地的兒童福利院從一九五〇年到一九八六年的三十六年間，收養和抱養棄兒的記錄。這是一份不完全的記錄，一些年分缺失。就在這中間，隱藏著很多「上海孤兒」的資訊。

九〇年代，陸續有一些從無錫被抱養出去的棄兒來尋根。余浩檢索老檔案時發現，當年的收養及抱養資訊，揭示了某些規律性的東西。

他起身從櫥櫃裡取出一個小盒子，是那種老式的裝餅乾的鐵盒，裡面放了好幾本卷了毛邊的冊子，這都是當年無錫一地的收養記錄。檔案分兩類。一類是派出所送來的（收容）登記簿，但是缺少一九五六年到一九五七年的內容。第二類是領出登記簿，缺少一九五八年到一九五九年的記錄。余浩說，主要是社會動盪，交接比較混亂，致使部分檔案缺失。記錄顯示，一九五九年到一九六〇年是棄嬰收容高峰，無錫平均每天都要收二十幾個被遺棄的孩子。最嚴重的一年，收養超過七千名棄兒。

余浩回憶，上海的收容條件是全中國最好的，每個區都有福利院，故而棄嬰現象更嚴重。當年上海每天有超過二百名的棄兒被發現，然後送至孤兒院。「饑荒最嚴重的時候，上海滿大街上都是孤兒。很多孤兒在大街上撿東西吃。」

困難時期，上海仍然被認為是有口糧保障的大城市，因而不幸地成了丟棄孩子的高發地。其實上海當年的食物供應也並沒有好到哪裡去。按照《上海地方誌之《上海副食品商業志》「大事記」記載：「一九六〇年九月一日居民豬肉定量，從每人每旬三兩（九十三點七五克）減為二兩（六十二點五克）。」

余浩說：「人們的工資不過幾塊錢，一個大餅就賣到了三十幾。」

一位當年正在上海讀小學的市民松齡在博客上回憶：城市裡的糧食和副食品供應非常緊張，大部分物資都得憑票證供應，「記得那時的定糧是每月十八斤半，食油每人每月半斤」，松齡正好在長身體，正餐吃不飽，肚裡沒油水，又沒有零食吃，整天感到肚子餓。

松齡寫道：五〇、六〇年代，上海不少的弄堂裡都辦有公共食堂。他家附近有個「里弄食堂」，是弄堂深處一處居民的大房子，食堂的服務對象主要是附近的居民和街道生產組的工人。「食堂的長條桌上擺放著各種小菜：炒青菜、紅燒蘿蔔、炒素、炒干絲等等，還有畫作一個個方塊的米飯。至於葷菜那是很少見到的，因為那時的雞鴨魚肉都要憑票供應，一般人家都會很珍惜地留在自己家裡使用，只有少數的單身漢把肉票交到食堂去，才能吃到一點點的肉。

「我至今記得很清楚，食堂有一個『豆腐渣炒青菜』。現在的年輕人大概很少有人看見過豆腐渣，更不用說吃豆腐渣了。那是豆製品工廠生產豆腐所剩下的殘渣，根本沒有什麼營養，原本都應該送到農村餵豬的，由於當時吃的東西少，也難怪食堂的阿姨們把那綠的青菜和白的豆腐渣炒在一起，不過，那口味實在讓人不敢恭維，淡淡的如同木屑，可在那個艱苦的年代，能夠填飽肚子已經算是很不錯了。」

來自親歷者松齡的上述記錄顯示，即便在大上海，那幾年的食物供應也十分緊張。不過比起農村還能有飯吃。同一時期，在呂順芳的家鄉宜興，村民們邁著浮腫的雙腿到河邊割青草回家煮著吃，很多人因此得了青紫病。

在普遍為生存前景感到恐慌的時候，上海代表了當時中國最好的經濟條件。人們口耳相傳，那是一處免受匱乏衝擊的安全島。

就像是得到了暗示，上海和無錫這些城市出現的棄嬰越來越多，當地已經無力負擔，此時通過有組織的轉移、分散收養壓力就成了一個選項。

「周總理指示分散上海的孤兒收容壓力。」余浩回憶說，但是他沒能提供有關的歷史依據。至今缺乏資料佐證：當年對全國範圍內的棄嬰收養進行過某種國家層面的統一調度，大部分只是語焉不詳的傳聞。內蒙古出現過三次大規模接納南方嬰兒的記錄，涉及總人數大約三千人。這是為數不多的成建制接受棄兒的記錄，而其他地方似乎主要依靠各省市的自主協調。

大批從無錫孤兒院收留的棄嬰，主要流向了北方省分。余浩保管的檔案中，無錫孤兒送去最多的地方是青島、濟南、河南，最遠則到了滿洲里、新疆、內蒙古一帶。在普遍遭遇糧食短缺的情況下，北方省分的收養家庭如何去填飽嗷嗷待哺的嘴巴？部分原因在於：江南是中國主要的水稻產區，因而當年也成了糧食高徵收地區；農民要徵繳的糧比北方更多、負擔更重，面臨更大的生存危機。而北方多為旱地，糧食不足，卻仍可有瓜菜種植代替，留給人們的選擇相對多一些。

余浩發現，彙集到無錫和上海的棄嬰們，大部分來自農村。反映出當時農民受衝擊最大，而城市相對有保障。檔案大部分沒有顯示棄兒原籍資訊——這是為了防止孩子成年後去尋找原生家庭，養父母隱瞞了家庭資訊——如果孤兒院也缺乏完整交接記錄，則棄兒的來源注定成謎。稍大一些的孩子，有經驗的孤兒院工作人員可以通過口音和生活習慣判斷其家鄉大致方位；對於嗷嗷待哺的小生命，則無法做出有價值的判斷。

送進孤兒院的孩子們越來越多，很多孤兒院開始自謀出路。余浩可以確認的資訊是：無錫、上海、南京等地的民政局和北方省市民政部門自行聯繫，落實如何把棄嬰送到新的家鄉收養。當年無錫福利院院長原籍在山東膠東，是名南下幹部，他依靠個人關係把很多孤兒送去了老家膠東一帶。反映出至少在某些階段，缺少完善的管理制度，對於孤兒的運輸和移送很隨意。一開始，福利院還有孤兒進出的登記；隨著大規模的移送頻繁發生，記錄變得模糊潦草，甚至一筆帶過，這為後來的尋親增加了難度。

在余浩保存的檔案中，可見到已登記的棄兒收養變得規範，原來是便於管理，一九五八年收養的孤兒都統一姓「毛」或者「國」——追隨領袖毛主席或者國家的意思，這也是「國家的孩子」這一說法廣為流傳的依據之一。次年則統一姓「華」；一九六〇年開始取名字了，這一年的孩子主要姓「趙」，百家姓的第一個名字；下一年的孩子主要姓「錢」，百家姓的第二個名字，以此類推。後來明顯隨意起來，比如「趙痱」，說明孩子送來的時候身上生了痱子，大概是夏天接收；而「趙瘧」，則表明患有瘧疾。一方面說明棄嬰的情況複雜，很多患有疾患，同時也說明收養變得漫不經心，孤兒院的人力、物力有限，大批棄兒能否得到精心養護已經是個奢望。

余浩說：「看看遺棄多發年分，不是出現經濟問題就是發生政治運動。社會每發生一次動盪，都會出現一個棄兒收養高峰。」

動盪的年代，缺乏經濟基礎和自保能力的普通人，往往受到更大的衝擊，由此產生了各種血淚交織的故事。

我咀嚼著「國家的孩子」這個不乏詩意的字眼，品味出了其中的苦澀。

透過發黃的檔案記錄，恍惚看到，昏暗的舊時光裡，愁苦的媽媽牽著餓得打晃的女兒的小手，離開家，坐在烏篷船上，顛簸一夜，又轉車來到了繁華的大上海。偌大山河，這是最後的棲身之所。絕望的人們，把親生骨肉拋棄在上海街頭，希望好心人賞給饑餓的孩子一口飯吃。他們或者抱著幻想，期待上海接納他們的孩子，有朝一日度過危機，再來上海尋找丟棄的孩子吧？沒有想到，這將是一次漫長的別離。

告別上海

實際上，在五〇、六〇年代，江蘇有一些地方存在並運作著一批兒童福利院。比如南京、無錫、蘇州、常熟等地，常州也有一個福利院，但是功能不如前幾家健全，後來蘇州和常州收養的兒童也都轉到了無錫的福利院系統。這個資訊是余浩提供給我的，對於解釋發生在長江三角洲的大規模棄嬰事件很有幫助。即：為什麼此地出現了大批「上海孤兒」？而其他地方聞所未聞？背後隱藏著一個被忽略的歷史景觀。

上海在近代史上是工商業最發達的地方，但是洋務運動最早開始的地方實際是無錫。其代表人物，比如麵粉大王榮宗敬、榮德生等，都是無錫本地民族企業家，活躍和成名於上海。無錫產生的這些民族資本家，影響了中國近代工商業的發展。

工商業的發達帶動了觀念的開明、慈善的盛行。清代嘉慶年間，無錫就出現了由當地士紳興辦的第一家孤兒院。當時孤兒院的形式，主要是富人捐田，供養孤兒生活。

一九五〇年無錫解放，黨組織接管了福利院，昔日孤兒院變成了育嬰堂，由早先的舊址南禪寺搬到了惠山，「文革」期間一度更名為兒童教養院。無錫還有一個道義嬰幼堂，由天主教教會興辦，一九五二年教會收為國有，孩子們轉到了兒童福利院。所以無錫的福利院是兩家合併而成。

因此，雖然歷經變動，無錫一直延續了慈善傳統，大部分時間並沒有中斷收養棄嬰。饑荒來臨的時候，距離新政權接管不過十年光景，無錫過去那些擁有收養傳統的機構仍然為人們熟知，這些城市因此成為拋棄嬰兒的主要地方。

這解答了一個疑問：無錫並非上海這樣的大城市，為什麼會成為了棄兒中轉的碼頭？在這裡，慈善傳統依然沒有中斷，那些絕望的父母們相信，把孩子送到這裡依然存有生機。

余浩的妻子胡女士告訴我：「當時還有很多安徽逃荒者，專門去南京送孩子的。」因為南京也有名聲在外的慈善傳統。

上海也是如此。革命先行者孫中山的夫人宋慶齡，早年在上海也開辦收養孤兒的機構。

當饑荒爆發的時候，在上海和江蘇南京、無錫等地，這些擁有慈善傳統和基礎的地方，成了人們拋棄子女的首選城市。這個細節對理解棄兒們為何集中出現在上海、無錫等地很重要。這也印證了父母們遺棄孩子的初衷主要是為他們尋找活路。

五〇年代末饑荒的影響波及全國，安徽和四川等地的受災程度比江南有過之而無不及，但是卻沒有聽說過大規模棄嬰的情況。

「這並不是說明，這些地方沒有遺棄發生，也許就是因為慈善傳統的缺失，那些被遺棄的孩子就無聲無息自生自滅了。」余浩認為，無錫、上海一帶的收養和慈善傳統，得以保留下更多的收養資訊。「這裡的人們顯然更習慣接受孤兒，也知道遇到這種情況該送到哪裡去。」

一個健全的社會會生發出自我調節和淨化能力，當國家以強勢姿態接管一切，直至掌控了所有人的命運，一進一退之間，社會力量就消隱無聲了。後來的情況是，棄兒太多，對原有的慈善機構造成了擠兌。余浩記得，無錫兒童福利院總共三十幾個床位。僅靠組織和幹部已經不足以應付混亂局面。於是，民政部門借用企業場地，鼓勵企業職工收養來分擔壓力。

——

離開余浩家，我行走在無錫城區。在富有市民生活氣息的舊無錫基礎之上，一個龐大的嶄新的無錫令人產生似曾相識之感。其他中國新興城市所具有的一切，這裡一樣不缺：步行街、美食街、購物廣場、味道可疑的西式糕點、嘈雜的人流與車流。

一條暗黑的河水，無聲地穿過繁華的街道，慢慢流淌，不知來處與去向。一打聽，這條河原來是歷史上京杭大運河的一部分。

京杭大運河在隋代開始挖掘，初衷是為了給昏庸的皇帝運送南方的奇珍異寶，後來演變成為一條漕運河流，將鹽和大米在南北方之間運輸販賣，成了繁忙的商業運河，在進行商品流通的同時，將不同風俗和方言的南北方連接在一起。

歷史上的大部分時間裡，京杭大運河都在發揮作用。就像是社會的中樞神經，將不同的肌體組織連接起來，構成了一個生態系統。

某些時刻，這條河流還見證了父母將骨肉拋棄任其順水飄散的悲傷場景。

沿著運河，我行至當年赫赫有名的榮家麵粉廠的舊址，現在這裡改建成一家民族工業博物館。榮家是傳奇性的大家族，也是當年新興的中國工商資本家的代表人物。

榮家兄長榮宗敬早年經營過錢莊，從一九〇一年起，與弟弟榮德生等人先後在無錫、上海、漢口、濟南等地創辦保興麵粉廠、福興麵粉公司、申新紡織廠，至一九三一年，榮氏兄弟共擁有麵粉廠十二家、紗廠九家，分別約占全國民族資本麵粉總產量的三分之一，紗布總產量的五分之一，被譽為中國的「麵粉大王」、「棉紗大王」。榮家的麵粉廠曾經承擔著本地主要的糧食供應，物華天寶，人人稱頌魚米之鄉的富饒。

民族資本企業的崛起構成了城市的另一條命脈。江南富有底蘊的商業文化、相對開明的社會、大資本家的引領風氣，成就了無錫、上海等地的繁華氣象。

一九三七年抗日戰爭爆發，榮宗敬自上海避居香港，一九三八年二月十日病逝。臨終，他仍以「實業救國」告誡後輩。榮家所從事的糧食生產和紡織業，就是為了讓國人能夠吃飽穿暖。因此，儘管日本人的侵略對榮氏兄弟的產業造成了破壞，榮德生仍然拒絕將企業交給日本人，保持了民族氣節。一九四八年，國民黨的統治已呈土崩瓦解之勢，有資產者紛紛離開大陸。在一片離滬聲中，榮德生明確表示「不離開大陸」，並阻止三子將申新三廠遷至台灣。解放軍渡江前夕，他派代表與共產黨聯絡，迎接解放。一九五二年七月二十九日，榮德生在江蘇無錫逝世。

榮氏兄弟病逝之後，榮德生的兒子榮毅仁繼承了家業，一九五六年，他做出了一個驚人的舉動，把榮家的商業帝國無償交給國家。榮毅仁的舉動為他在黨內贏得了地位。當時的國務院副總理陳毅以老市長身分，為榮毅仁助選上海副市長，並稱讚榮毅仁，「既愛國又有本領，應當選為國家領導人」。一九五七年後，榮毅仁出任上海市副市長、紡織工業部副部長。公私合營之後，叱吒風雲的大商人隱退江湖，大運河上繁忙遊走的糧船不知所蹤，把市井生活和商業交易緊密連接在一起的通道消失了。「文革」中，資本家成為遭人唾罵的對象，榮毅仁也受到衝擊。改革開放以後，鄧小平請榮毅仁再次出山，成立了中國國際信託投資公司，利用榮家在海外的深厚人脈，為中國工業化爭取到了寶貴的資金援助。一九九三年，七十六歲的紅色資本家榮毅仁被選為國家副主席，歷史給予這個傳奇家族相應的政治地位和評價。

彼時，中國社會再次認識到民營企業的重要價值，由此創造的社會財富支撐起中國此後長達三十餘年的經濟高增長。

離開這家位於運河邊的博物館，天上正好降下小雨，江南的空氣變得濕熱。日曆顯示到了穀雨，春天即將結束。回過頭看這座城市的歷史，民族產業的崛起如同這條運河，構成了繁榮社會的命脈，反過來滋養了底層人民，滋養了社會的慈善之舉。在人為打斷了這命脈後，商業式微，繁華不再，人民流離，直至改革開放以後，才重新煥發了生機。

沉默運河記錄下時代的浮沉。上海，中國歷史上最發達的城市，會成為那些離家孩子們的避難所嗎？媽媽們不知道，當她們轉身離去，丟棄的孩子就像大運河上的浮萍隨波逐流，注定永世無法追尋。

分裂的ＤＮＡ

五月的一天，蘇州下起小雨。我來到了蘇州大學的司法鑒定中心。該機構隸屬於蘇州大學醫學部，法人是蘇州大學校長，專門針對尋親者開展ＤＮＡ比對業務。

負責人高玉振是那種典型的技術人員，一開口就是專業術語。他告訴我，利用ＤＮＡ技術尋親的一個背景是，尋親者大概在上世紀五〇、六〇年代被遺棄和抱養，現在回過頭來去尋找幾十年前的親生父母，目前公安不受理、不立案，因為這不屬於刑事案件，所以只能依靠社會力量；而ＤＮＡ鑒定在一定程度上可以彌補制度上的缺口。換句話說，如果尋親者ＤＮＡ庫的效能能進入公眾視野，尋親者的資訊就會如水流匯總而來，從而提高匹配成功率。

尋親血庫利用了親子鑒定的原理。「就好像一根棒棒糖，包含了藍色和紅色，那麼它的下一代，一定有其中一個顏色，或者藍色或者紅色。假如沒有這兩種顏色中的一種，則和這根棒棒糖沒有關係。」高玉振解釋說。之前做DNA檢測的商用試劑盒用了美國產品，目前則實現了國產化。他們執行的檢測指標要滿足二十個遺傳標記的指標，相似機率達到99點99%，才能證明有親子關係。如果達不到，則排除親生血緣關係。

利用親子鑒定機構做的尋親者血庫，國內已經有好幾家，已發展成競爭激烈的商業項目。我問高玉振，做親子鑒定需要什麼資格？他答，必須經過司法廳批准，執業範圍裡屬於法醫物證（親子鑒定）這個方向。一開始的時候，他們准許接受郵寄樣本，但是做親子鑒定的過程中發現，有些父親不想要孩子，於是拿了別人的毛髮寄來檢測，這樣就會產生一些糾紛，因為血液庫只對檢測結果負責。為避免類似糾紛，於是規定不再受理自帶和郵寄樣本，必須本人過來，由機構採集樣本。具體到尋親者群體，因為很多當事人年歲已高，所以允許委託志願者從外地郵寄血樣。「我們只出檢測報告，注明是尋親。」他說。

目前，該鑒定中心和尋親志願者組織已經合作了五年，保存了大概三千多名尋親者的血樣，主要從江陰尋親者志願者協會李勇國組織的尋親者隊伍中徵集而來。

我意外得知，目前同胞鑒定是無法做的。具體說，同胞身上，都有二分之一遺傳自父母，但是兄妹之間的比對，只能比一半，計算下來，跟做親子鑒定比較，達不到應有的精度。也就是說，如果遺棄子女的父母已經過世，這家的孩子尋找當年遺棄的兄妹，則很難通過這個方法做出準確比對。

「同胞鑒定標準印象中只有75%。」高玉振想了想說，「從二〇〇七年開始，我們已經砍掉了這項，風險太大。不過聽說有些機構還在做。」

青島的蔡秀琴女士在尋親的過程中發現了來自河南安陽的尋親者孟秀玲女士，感覺跟自己有些相像。碰巧兩人都在北京的DNA血庫做了血樣檢測。對比兩人的DNA，居然發現，雖然不是全同胞姐妹，但是不排除半同胞姐妹。換句話說，兩人之間的關係，有可能是同母異父，也有可能是小姨和外甥、或者至少是同一個外婆的關係。由於目前技術限制，無法進一步做更精確的比對，更由於沒有家人一方的參與，所以身世之謎依然困擾她們。

而且，這種巧合很大程度上是由於蔡琴秀的鍥而不捨。蔡秀琴在尋親路上奔波二十餘年，她不放過任何一個可能的機會，給我留下深刻印象。幾乎在每一個尋親者建立的微信群裡，都能見到蔡女士。

有一次，她在一個QQ尋親群發現來自高淳的王先生跟自己長得有些相似。經過打聽得知，王先生並沒有進行DNA血樣採集，而且因為多年尋找失散親人沒有結果已經心灰意冷。蔡秀琴極力說服王先生一家採集DNA，她對王家的小兒子王雙寶說：「在有限的生命裡，每一個希望都不應該放棄。」王雙寶最終被說服了，二〇一七年的中秋節，他趁老媽媽生病抽血之際偷偷採集了血樣，寄到了北京。

蔡秀琴和高淳王家的血樣並沒有比對成功。但是陰差陽錯，王家的血樣卻和來自河南的尋親者賀秀梅比對成功。原來賀秀梅才是王家當年遺棄的女兒。

賀秀梅是幸運的，她的親生母親健在，而且採集血樣輸入了尋親者血庫，得以比對成功。而蔡秀琴依然奔波在尋親的路上。

看來，尋親基因庫只能解決一部分問題，收集血樣也是以公益之名，不具有強制性。比對的成功率取決於ＤＮＡ資料庫的基數是否足夠龐大，假設親生父母逝去或者不出面進行檢測，則無法進行比對，局限性仍然十分明顯。

曾經有尋親者建議，應該強制採集血樣，建立全國人口的資料庫，這樣，無論是拐賣、遺失，還是尋親，都可以在這個龐大的資料庫中找到家人。只不過這幾乎是一廂情願。

——

離開蘇州，我前往陝西潼關，去拜訪當地一名身陷尋親風波的「上海孤兒」。

離火車站步行不過一公里的地方，有一家砂鍋辣子雞店，在本地頗受歡迎。我走進去的時候，本應是中午上客時間，但是店裡很冷清，貼著「歡迎光臨」字幅的玻璃大門敞開著，大堂的燈卻是暗的，沒有其他人光顧。

李萬成正在後廚修理頻繁跳閘的電門，忙出了一腦門子汗。他告訴我，潼關剛爆發了一場禽流感疫情，據說還死了一名老漢，他們這家以辣子雞作為招牌菜的餐館因此受到了衝擊。

李萬成高瘦，穿著白襯衣、黑褲子、白球鞋，衣角扎在褲腰裡，說話文縐縐一板一眼的，像是那種典型的鄉村秀才。

一會兒，他從辦公室的櫃子上方拎出一個黑色的落滿灰塵的大皮箱，裡面放著多年收集的尋親資料。按照潼關民政局統計的數字，在潼關，一共有一百七十三個「上海孤兒」。他們這批棄兒是一九六〇年四月二十五日集體坐火車從江蘇省無錫送到陝西省潼關的。「在民政有記錄。無錫孤兒院的登記冊中也有這段記錄。」他說。

我很好奇，依據此前的經驗，「上海孤兒」的資訊在有些地方都算是比較「敏感」的，為什麼潼關的統計資料這麼透明？李萬成回答說，因為潼關的一些縣領導當年就收養了「上海孤兒」，其中有幾個上海來的娃娃長大了，現在在潼關擔任著一些領導職務，所以對尋親的事情很上心，在地方上舉辦活動也沒有遇到什麼阻力。

李萬成生於一九五八年，養父母早年就過世了。他一九七六年加入人民公社的工作，在公社負責放電影。電影放映員的角色在中國農村社會的地位比較特殊，他們常年走街串巷，熟悉各地民情，所以比起其他農民，顯得耳聰目明、資訊開闊。李萬成因其腦子活絡得到朋友推薦，來到這家紅火一時的辣子雞店幫忙管理店面。

二〇〇〇年八月十五日是潼關的上海娃娃尋親的開端。在李萬成召集下，潼關的八十四個「上海孤兒」召開了尋親大會，開始了鄭重的尋親之旅。李萬成因為表達能力強，為人熱心，被推舉為代表。他們認識了尋親大姐呂順芳，也被介紹去宜興尋親。

第一次尋親的時候，似乎就有意外驚喜。李萬成被江蘇宜興一戶陳姓人家堅持認定就是早年遺棄的兒子。之後，宜興的另一戶周姓人家也加入進來，認為李萬成是自己家的兒子。結果，陳家和周家為此爭奪，甚至還打了起來。為了平息爭端，雙方採用了民間的認親方式：看耳朵和腳趾甲。據說因為特徵相符，裁定李萬成就是陳家人。這當然不靠譜。在當地頗有勢力的周家堅持不放過，據說周姓家裡有副市長或者婦聯主任一類的人物。他們仍然在私底下運作，要李萬成認周家為親。

李萬成處在兩難境地，畢竟陳家已經相認了。他見到了陳家的母親和哥嫂，渴望親情的力量衝破了一切，彼此惺惺相惜，一掬相思淚。苦於周家依舊不依不饒，李萬成無奈提出做親子鑑定，哪知陳家不肯，周家也不同意做，似乎雙方都不想承受一旦鑑定失敗所產生的心理落差。就這樣，李萬成還是和陳家人以親人的名義相處了幾年。儘管陳家媽媽是一位滿口宜興方言幾乎無法與之交流的老人，還是令李萬成找到了尋覓已久的母愛的感覺。

兩家爭子令李萬成的疑惑愈發加深，李萬成偷偷做了親子鑑定，證實跟兩家其實都並無關係。他感到強烈的失落。漸漸的，這幾年雙方也慢慢斷了聯繫。

實際上，從潼關去宜興尋親的棄兒當中，頗有幾個都聲稱尋到了親人。但是其中真正做了親子鑑定的很少。跟李萬成的錯認一樣，這裡面存在著很大的誤差。後來呂順芳發起ＤＮＡ尋親血庫，之前二十個相互認了親人的潼關孤兒，經鑑定只有四個配對成功。其中，三個人的家人在宜興，一個老家是南京，錯認率高達

80％。另外一個潼關棄兒，依靠信物和安徽老家認親成功。而那些沒有做親子鑑定的，居然也就假戲真做，認了在宜興的「爹」「媽」，彼此心照不宣。

李萬成和其他潼關棄兒們的尋親經歷頗耐人尋味。那些遺棄家庭一直心懷愧疚，多年來保持沉默，不願面對傷疤。當大張旗鼓的尋親者找上門來，意味著過去的秘密再次被張揚周知——遺棄的罪名只是習慣性地強加到親生父母頭上，而不會追究背後的社會和歷史成因。他們擔心輿論的道德圍剿，於是匆忙認親，緩解遭人指責的尷尬局面，儘管明明也知道這種尋親的成功概率其實微乎其微。

分析尋親的難度和沒有成功的原因，李萬成認為，資訊單一，尋親的範圍太小；轟轟烈烈的尋親活動只是茫茫人海中的一束流沙——他們起初想當然地把尋親的範圍鎖定在宜興周邊。雙方都低估了尋親難度。

尋親的棄兒和遺棄子女的家庭，雙方都想當然地認為這個圈子很小，這既說明當年宜興周邊的確存在著大範圍的遺棄現象；另外一個被忽視的事實則是，遺棄牽扯到更廣泛地區的更大量人口。

從二〇〇〇年開始尋親，李萬成帶隊前後去了七次江南，尋找了差不多十七年，隨著時間的推移，信心銳減。

「算起來，如果親生父母在世，也已經八十歲開外了。尋親的難度越來越大。如果親生父母一方不出來做鑒定，則幾乎不可能實現匹配。」他說。

「洩氣了。」李萬成小聲說。此時飯店裡的照明設施又跳了閘，他丟下我，再次跑回後廚去修理。

「再也不尋了。」從後廚出來，他宣布，「太傷心。」

他抱怨說，政府對尋親實際上並不支持。潼關尋親者曾經去上海找過政府部門，但是對方不提供真實檔案，「不給看，說是嫌麻煩。」有一些宜興的企業對尋親進行了贊助，但是尋親基本上處於盲目的封閉狀態。

「我感到恥辱。這些孤兒是怎麼產生的？不反思，不正面說出來，不利於國家和民族。」李萬成瞇著眼睛吐了一個菸圈，他強調，「半個世紀過去了，我們依然無法還原歷史的本來面目。」

我跟李萬成告別，去趕下一趟火車。他站在冷清的辣子雞店門口，向我招手作別。我在李萬成那雙靈活的眼眸裡讀到了深深的失落。「我們是弱勢群體，被遺忘了。不知道父母是誰，人為什麼活著。可悲啊。」他的話語在我耳邊迴響。

——

我一直跟呂順芳保持聯繫。一次，我打電話給呂大姐，打聽一個尋親活動參與者的電話，沒想到引起她的反彈。「那個人你不要找，也別去寫他。他就是個騙子。」她很氣憤地在電話裡對我講。

話匣子一經打開，呂大姐滔滔不絕，歷數十餘年的尋親活動中遭遇的不平和委屈。

呂順芳開始也是一名尋親者，二〇〇〇年一個偶然機會，抱著本能的善意投入尋親活動，逐漸由尋親者變身為尋親大姐，她聰明、有領導能力，贏得了民間尋親大使的稱號。二〇〇七年，呂順芳獲得全國道德楷模提名，受到國家領導人的接見，個人聲譽達到巔峰。

就像發生在中國的大多數事情一樣，尋親活動在熱鬧過後也顯露出了複雜無序的一面。「十幾年的尋親活動中，我遇到形形色色的人，大家都各懷目的。」呂順芳說。

剛開始，尋親者、媒體、公眾，完全憑熱情做事，後來，也有一些人打起了尋親者的主意。有家公司打著免費親子鑒定的幌子，在尋親者中採集了九百一十個血樣樣本，承諾一個月出結果，但此後就消失了。十年過去了，沒有任何結果。十年光陰轉瞬即逝，很多盼兒團圓的老人們都過世了，本來他們寄希望通過驗血尋親，騙子卻在利用完他們之後消失了。事後一查，那家公司沒有鑒定資格，採血目的只是為了搞其他研究需要。

當呂順芳成為尋親活動的領袖人物，許多資源都集中到她身邊。她也成了被監督和質疑的對象。呂大姐心直口快，一些人認為她作風霸道。作為從過去年代走過來的人，呂順芳試圖依靠強硬的作風對尋親群體實施有效管理。二〇〇七年五月，呂順芳跟北京的一家ＤＮＡ檢測中心合作建立尋親者血庫，二〇一二年和二〇一三年，李勇國曾經和呂順芳合作，到了二〇一四年，兩人之間產生了矛盾，於是李勇國另起爐灶，繼續在江陰等地開展和組織新的尋親活動。此後，李勇國找到了蘇州的這家法醫鑒定中心，合作建立了新的尋親者血庫。於是一些對呂順芳有不滿的尋親者有了新選擇，轉而投奔了李勇國的尋親組織。原本尋親者就很分散，現在不光尋親活動在宜興、江陰分別搞一攤，而且驗血還不在同一個血庫，彼此無法共用資源，人為增加了血樣比對的難度。

在呂順芳眼中，這就是「分裂隊伍」，是因為有人想跟她對著幹。她堅持認為，蘇州大學的這個驗血中心不具備資格，「那家是做法醫物證，不是搞基因的。」

尋親者夾在不同的志願者組織中間，左右為難，畢竟這是為數不多還想著尋親者並願幫他們的組織，誰也得罪不起。漸漸地，尋親者分化成了兩派。有一些人在兩邊都做了血樣採集，等於額外花費了金錢。另外一些人則激烈地反對呂順芳，他們認為，呂大姐過於強勢，無法合作。總之，這個本來擁有同一訴求的群體分裂了。

現在呂順芳相信，有一個針對她的陰謀正在實施。「有些人說我壞話，認為我和血庫合作是為了騙取回扣賺外快。」她憤怒地說。對於一個珍視聲譽的人，這種指責不可容忍。

我理解呂大姐的苦惱，她的遭遇很大一部分屬於誤解，這源於她的個性。對於尋親者這個陷於悲情的群體，需要理解他們敏感脆弱的心境。呂大姐的直率有時會給人不近人情的感覺，她毫不客氣批評尋親者的無知，希望依靠強勢來規範尋親秩序。獲得榮譽之後，她不可避免地和其他的尋親活動組織者構成了競爭關係，而她努力維護自己的影響力，並與分離勢力鬥爭，陷入了是非恩怨。特別是DNA血庫引入之後的風言風語，都讓她心生煩惱。

尋親者的圈子就像小社會。在這個小世界，具有現實社會的一切溫暖和不完美。從尋親者的自發活動，到志願者的出現，體現了扶危救困的傳統；尋親活動和社會媒體的互動，填補了政府缺席的空白，包括DNA檢測的應用，提高了尋親活動的效率。但這畢竟是一個人為運轉的小系統，突出的問題是缺乏制度性的解決方案。像拐賣兒童的犯罪在得到社會和政府的重視之後，改變了不合理的接警立案制度，並且建立了打拐基因庫，很多被拐賣的兒童就是依靠基因庫比對，在成年後重新找到了親生父母。而尋親者活動，缺乏更大層面的關注。DNA技術介入尋親是一個饒有意味的情節，「國家的孩子」們無法尋覓身世，運用了最古老的「滴血認親」的邏輯，希望借助現代化的ＤＮＡ技術尋找原生家庭的秘密。潘朵拉盒子一經打開，將發現歷史的真相，只是我們還沒能做好準備去面對那段至暗時刻。

根據我的接觸，尋親者群體形成了不同的圈子，他們很多以地域為單位，利用微信和網路傳遞資訊，看似活躍，實則禁錮在一個個不同的狹窄空間，圈子之外的人們並沒有意識到這個群體的存在。尋親活動中，他們找到了存在感，也找到了同類，以及生存的些許意義。但是一道巨大的歷史之牆將他們阻擋。

尋親者從最初的聚合，到熱情耗盡，再到分裂，正如某些時刻中國社會的寫照，人們被各種不同的利益訴求和瑣碎的生活議題分割成不同的孤島，彼此之間沒有辦法建立有效的連結。高科技並不能一勞永逸解決所有關於人的問題——在中國，人的因素才是一個大問題。ＤＮＡ的引入卻引起了尋親者的分裂，就是一個例證。

直至後來，呂順芳發現了一片新天地，她在書法和博物館的志工講解中尋求精神寄託，那是沒有是非的一片新天地。她的聲譽是依靠不計回報的付出得來，流言讓她不堪其擾。在一些人口中，壞脾氣的尋親大姐只是為了謀一己私利。她的個性容易得罪人，哪怕她幫過的人，有些也在講她壞話。不過，一旦遇到尋親者找上門，她骨子裡的善良和熱情又重新調動起來，充滿了活力。

尋親不遇

六月一個悶熱的傍晚，列車抵達山西陽泉。李海栓臉上帶著質樸笑意，張開筋骨粗壯的手臂，對我表示歡迎。

李海栓四月去參加江陰尋親會的一個收穫是，他得到了一張小紙條，上面記錄著他的家庭資訊：

卞志明　養5月18日　生肖狗　3歲　嘉善惠民公社　父親卞生才

卞志明，就是他的原名，生日可能為一九五八年農曆五月。嘉善惠民公社應該是他的家鄉，一九五八年時屬上海，現歸浙江省。

說起這張紙條的來歷，李海栓告訴我，有個被尋親者稱作「瞿老師」的上海人，五十出頭，男性，據說是名醫生，也有人稱他是兒童福利院的工作人員，或者至少跟福利院存在某種工作關係，因此可以查到外人很難一見的孤兒檔案。因此，瞿老師成了一個跟尋親者保持密切聯繫的中間人，就像呂順芳或者李勇國，在尋親者活動中成為一種黏合劑，他總能向尋親者提供別人無法查詢的資訊，沒有人介意過他的具體工作，以及他如何能夠做到這些事情。後來我跟瞿老師取得聯繫，他承認了流傳在尋親者群體中間的說法，但也不願透露詳細情況。

同為「上海孤兒」的山西人梁素梅大姐，在瞿老師那裡得到了一批收養到山西的棄兒資訊，就包含了卞志明（李海栓）的資料，記錄了他被領養去山西的線索。梁大姐按圖索驥，把這份資料交到李海栓手上。

這張小紙條給他們帶來了希望。離開常熟的尋親會之後，李海栓和李彥斌父子倆已經迫不及待地要去尋親。那份檔案上還記錄了卞志明被發現的地點：上海瞿家郎，發現人是「王大媽」。

李海栓父子很開心，困擾他們很長時間的謎團也許就要水落石出了。唯一不解的是，按照一般遺棄者的心態，總是希望隱去家庭和父母資訊，防止被員警以遺棄罪名找上門來，什麼原因令父親卞生才在遺棄孩子的時候留下了詳細身分資訊？難道當時卞志明被發現後，沒有人對這個指向明確的資訊進行任何追查就把他送去了孤兒院？這不合常理。或者，在遺棄孩子之後，卞生才本人發生了什麼意外？所以他提前做好了規畫？一路上，李海栓惴惴不安。

一行人乘高鐵來到浙江省的嘉善。惠民公社當然不復存在了，惠民鄉的名字，來源於民國時期本地的一座「惠民庵」，顯然也是慈悲之地。在一九五八年的人民公社運動中，成立了惠民人民公社。一九九八年撤鄉建鎮。二〇〇九年，惠民鎮和嘉善經濟開發區合併建成了惠民街道。從惠民的行政沿革中，可以管窺中國農村從農耕社會到政治掛帥再到城鎮化發展的歷史脈絡。地圖上檢索此地，惠民恰好位於長江三角洲經濟圈的中心，是上海、蘇州、杭州、寧波四大城市對角線的交叉點，陸路、水路四通八達。

找到惠民街道派出所，一番介紹之後，接待民警很是熱情，答應去街道辦幫忙查詢。等到次日下午，派出所來通知沒有進展。他們有些失望，想去街道的菜市場轉轉，聽說那裡有不少上歲數的人，或者能發現什麼線索。

在菜市場，他們遇到一個四十出頭也姓卞的當地人，想必卞這個姓氏在當地是個大姓，彼此間興許還有血緣關係。卞姓中年人很熱情，領李海栓回家，介紹七十七歲的父親給他認識。卞老先生回憶說，當年嘉善有三戶卞姓人家，有一家後來遷去了江蘇。其他兩戶印象中並沒有「卞生才」這個名字。總之並沒有什麼確鑿資訊。

第三天，李海栓上了當地的一檔電視節目尋親。尋親者的故事總是能吸引到觀眾，催人淚下的煽情故事一直受到電視節目青睞。不過也只是熱鬧一時，並無後話。於是一行人決定離開嘉善，李海栓在湖南工作的小兒子要去江蘇出差，他準備到時讓兒子去探探虛實再做定奪。隨後李海栓跟大兒子李彥斌去了上海。

檔案記錄中，瞿家廊是李海栓當年被發現的地點。眼前的瞿家廊只不過是短短三百米長的一條街道，位於普陀區。南北走向，街道很窄，盡頭有一間小學校，綠植覆蓋，未到放學的時候，街道很安靜。街道兩頭，是多條通往鬧市的馬路，此地距黃浦江只有五百米，動靜皆宜，李海栓頓時明白了，這是一個既不易察覺到遺棄行為又能讓行人注意到棄嬰的理想地點。

李海栓站在瞿家廊，環顧四周，頗感惆悵：命運真是不可思議，在瞿家廊走一個來回只花了二分鐘，然而從瞿家廊到陽泉再回到上海的距離，竟然如此漫長。時隔這麼久，那位發現人「王大媽」已經無法找到，上海的變化天翻地覆，再也找不到當年的痕跡了。李海栓隨後回到了山西陽泉老家。他的心緒來不及從尋親之旅中平復，一樁緊急事又出現了，最近苦心經營的生意遇到麻煩，一項嚴格的環保政策剛剛出台，當地為數眾多的小礦廠正在面臨一輪大浪淘沙般的生死競賽。

一條當地新聞這樣報導：二〇一七年四月二十八日至五月二十八日，中央第二環境保護督察組對山西開展了為期一個月的進駐督察，指出存在四個方面的突出問題。「大氣和水環境形勢嚴峻」、「生態破壞問題依然突出」是其中兩個，並且特別強調了礦山開採造成的生態破壞問題。

因為小礦廠技術不過關，粉塵超標，原本旺盛的耐火材料生產遭到了環保政策的遏制，陽泉成千上萬家小礦廠都在承受嚴格的治理壓力。資源型經濟轉型迫在眉睫。李海栓感受到了壓力。無序競爭和急速膨脹的日子一去不復返了，一紙禁令也許明天就要到來，這種並無多少技術含量的廠子馬上就要完成歷史使命將不復存在了。

這天早上，河南的生意夥伴來到了陽泉，兩人相約去市區南部的一家幽靜茶室面敘，同去的還有他的大兒子李彥斌。李彥斌經營了一段時間的微商之後，並沒有大的起色，最終決定放棄，轉而幫助父親經營工廠。

他告訴我：「現在環保壓力大。原物料也漲得厲害。大家都在觀望。」

穿著繡有牡丹圖案的絲質旗袍的女服務生殷勤引路，帶他們來到二樓一個僻靜房間，推薦了一款價格不菲的茶餅，點燃一根印度香。幾個人坐在一根原木雕成的巨大茶桌前，慢悠悠地喝茶、抽菸、聊天。關於生意，李海栓和夥伴私底下已經有了設想，外人在的場合並不過多涉及。他不時發出爽朗笑聲，用手掌快速擼一下錚亮頭皮，棗紅色的皺紋閃閃發亮，表明信心尚沒有挫敗。他仍然看好未來的經濟形勢，相信憑藉勤奮和經驗，可以度過難關。

煙霧繚繞的茶室裡，沉默的山西男人會跟來客擺一擺自己的身世和尋親故事。這成為一個保留節目。

據說僅在陽泉，至少就有上千人跟李海栓一樣，是當年從上海抱養的娃娃。在李海栓成長的北小西莊，一千八百人的村子就有數個「上海孤兒」。

李海栓一直感念養父母的恩情。小時候，一家人吃糠咽菜，唯獨省下白麵給李海栓做饅頭。父親是村裡的隊長，脾氣不好，但是心眼兒好，視李海栓如同己出。同村另一個上海來的娃娃比他命苦，經常被養父母打罵。

「這都是命啊！」李海栓說。他用一個「命」字，嘗試向命運做出和解姿態，道盡中國人內心的寬容底色。

「那個時候，整個國家都不容易，親生父母留著我在家裡可能就餓死了，把我丟在上海，還不是為了找個人家，讓我能活下去！」

他用期待的眼神看著生意夥伴，希望得到對方的認同。

「我有四個名字。」李海栓娓娓道來，他是不知來處的「卞志明」，在孤兒院成為了「朱少來」，大伯抱養後一度更名「李海生」，最後又在養父這裡改成了「李海栓」。

一直在饒有興趣傾聽的生意夥伴應和道：「你可真苦命！」

這話戳痛了李海栓的心事。那張保持著笑意的臉一下子扭曲了，瞬間垮了。他原本輕鬆說笑的臉被悲戚淹沒，淚水流下。

往事不可追。上海對他意味著什麼呢？成長中，那個地方曾經是他以為的故鄉，現在他準備放下這段糾葛。

——

此時，馬紹洪還在中國遊歷。

第一次尋親的時候，馬紹洪被呂順芳熱情挽留在宜興多盤桓了幾天，曾到周邊的地市四處打探，期間還參加了南京電視台的一個尋親節目。但都無果。從多倫多剛飛回的時候，她信心滿滿。幾趟尋親下來，她頗為失望。這才知道在茫茫人海中追查自己的身世是一件困難的事情。尤其在快速變化的中國，難上加難。

馬紹洪也是通過瞿老師在上海查到了自己的檔案。檔案上記錄，她被發現的地點是上海的南京西路，時間是一九五八年十月三日早晨四點，檔案記錄「圓面孔、雙眼皮、身體健康，紅黑帽子、紅花褲子，綠色棉襖」，判斷只有三個月大。隨後在當天上午八點四十分送上海孤兒院，取名「李立秋」。馬紹洪於是明白，「李立秋」只是孤兒院為她取的名字，跟原生家庭並沒關係。大概當時天氣轉寒的緣故，取「立秋」為名。至於「李立秋」的前世，已然無法追尋。

尋親過程中，馬紹洪也認識了天南海北的尋親者。她沒有料到，就在老家鞍山，也居住著一批「上海孤兒」，如今，這些年紀相差不大的尋親者再度通過手機微信聯繫在一起。

馬紹洪未能成功尋親。她徘徊多年之後終於走出了這艱難的第一步。隨後，馬紹洪在國內遊玩了大半年，雖然沒有發現任何線索，但是精神很愉悅，經常在微信上分享和朋友一起遊玩的照片。後來，我去了一趟鞍山，見到了在大半個中國跑了一圈的馬紹洪，她很熱情地帶我去鞍山最有名的公園遊玩。

二〇一七年快到年底的時候，馬紹洪又回了加拿大，生活恢復平靜。我經常在朋友圈看到她豐富的業餘生活。在狗年春節，她作為群眾演員參加了加拿大華人春晚演出。

在追尋著尋親者的腳步的時候，我注意到，一九九八年在中國的新聞報導中，第一次出現了「上海孤兒」的尋親報導。

一九九八年，剛剛創刊兩年多的《青島生活導報》首次接到尋親讀者求助，組織開啟了江南尋親之路。這是全國大規模尋親的開端。我檢索到當年的這份青島報紙，看到了相關報導：

「因為連續遭遇自然災害，上個世紀五〇、六〇年代，江南地區數萬名襁褓中的嬰兒離開父母，被分散到各地撫養，其中千餘名孩子輾轉來到島城。昔日襁褓中的嬰兒，如今已是兩鬢斑白，他們希望能找到遠在江南的親生父母，江南的父母也在尋找著他們。」

而我產生了一個疑惑：為什麼在一九九八年這個時間節點發生了大規模的尋

親潮流？

當高速火車行進在江南，車窗外是長江三角洲的富庶土地，道路網高效平整，田地興旺美麗，這裡是中國經濟發展的展示窗口。在尋親浪潮出現的前幾年，一九九二年，鄧小平利用「南巡講話」，鼓動繼續深化改革開放，在中國開啟了社會主義市場經濟的大幕，長江三角洲正是這場意義深遠的經濟革命的源點。

一九九八年，中國經濟取得了較快發展，中國以更加積極的姿態融入世界自由經濟體，跟以往的經濟模式告別，舊有的社會形態發生了劇烈變動，脫離了體系的束縛，無數人的生活不可避免將受到影響。

以青島為例，這裡曾經是中國著名的紡織工業基地，民間素有「上青天」之稱，意指上海、青島、天津三個計畫年代舉足輕重的輕工業城市。青島是美麗的海濱城市，因擁有德國人殖民時期的大批建築而有「東方小瑞士」稱譽；新中國建立後，又被定位為輕工業城市，帶有濃重計畫經濟色彩。我奶奶家住在青島，小時候的印象，周圍很多青島家庭都有成員在紡織廠上班。好像青島人都有以廠子為半徑的社交圈，言必稱「廠子」。生於工廠，逝於工廠，這種相對單一的經濟模式，使得青島人保持了一個相對固定的生活節奏。

到了九〇年代末，中國出現了一輪國有企業職工的下崗失業潮，幾乎席捲每一座工業城市。這場風暴的肇因是國企效率低下，人員冗餘，改革的目的是對國企進行重組。很多工人買斷工齡，成了下崗職工。這個過程中，亦造成大量的國有資產流失。據二〇〇〇年、二〇〇三年的《中國統計年鑒》記載，一九九七年國有單位職工人數一〇七六六萬人。但從一九九八年開始，人數就開始暴跌：二〇〇二年，人數已經滑落至六九二四萬人。六年間，國有單位職工減少將近四千萬，其中大部分是因為下崗潮。這是歷史上一次最大的裁員行為，但是九〇年代的地方國企員工，缺乏工會依靠，也沒有律師幫助，很多工人拿到買斷工齡就離開了服務半生的工廠，被迫拋入到無情的市場當中。鄭玉珍、劉南香這些昔日的工廠女工都是這段歷史的親歷者。

一九九八年到二〇〇二年這段時間，我在山東一家報社工作，經常去青島出差，採訪之餘，順便還能看看住在青島的長輩。我經常入住的一家當地賓館，靠近青島一處街心公園。一天晚飯後我走出賓館散步，發現了大批提供色情服務的女性，聚集在通往街心公園的路旁，等待買春客光顧。人數之眾以及路人的習以為常，讓我記憶深刻。

當地人告訴我，那些出賣身體的女人大部分都是下崗工人，有的五十元即可提供性服務。記得一名跟我入住同一家賓館的男士興高采烈說起街頭買春見聞，身邊一名青島服務員露出羞愧表情。也許，那些為生活所迫的女人中間，就有她的姐妹親人。這些女工從工作第一天就被賦予了一項技能，做龐大計畫體系的生產機器上的一個螺絲釘，她們所有的希望都寄託在紡織機上和廠子裡，缺乏其他生存技能。現在，這台機器一夜之間拆除消失了，一同受到衝擊的還有她們的家庭和生活。

大規模的尋親從青島這些在市場經濟中最先遭受重創的地方發生，就容易理解了。余浩告訴我，一九九三年開始有青島和淄博的尋親者去無錫找他幫忙，算起來正是社會形態發生重大轉折的時刻，市場經濟把中國帶入一場休克式的經濟風暴。一部分人搶占先機，賺得盆滿鉢滿。而另外一些人隨波逐流，陷入窘境。受到牽連的普通人，可能就包括了被領養的那些「上海孤兒」。當年收養他們的養父母，很多都是工廠職工，他們在成人之後很多又繼承了父輩們的工作。

算一算年齡，這些「上海孤兒」大多生於饑饉年代，成長於動盪時期，在人生黃金年華，奉獻給了國家工廠，在四、五十歲的年紀，淪為一無所有。在攪動人心的風潮衝擊之下，一些人感覺被高速變化的社會拋棄了。對家庭的信任動搖，隱秘身世成為精神家園最後寄託，或許，親生父母可能會提供一些額外幫助，無論這種幫助來自金錢，還是來自精神。相對富足的南方，也加強了棄兒們的幻想。種種情感促使他們行動起來去尋親。

我的眼前晃動著那些「上海孤兒」的面孔。他們千差萬別，有的生活幸福，有的在溫飽線掙扎，無一例外的是，他們都經歷著一場對心靈世界的艱難探索。而上海，代表了一個虛幻但恆定的過去，一個已經消失又永遠存在的家。天南地北的遊子，聚合起來，互相以兄弟姐妹相稱，彼此鼓勵，共同抵抗他們作為個體無力抵抗的風浪，並且在這脆弱的聯盟中抱團取暖，找到了繼續生活的勇氣。

尋隱者

一年間，我走了九個省市，去追尋尋親者的足跡。我接觸到的尋親者，只是成千上萬「上海孤兒」的一朵浪花，是宏大時代裡微不足道的邊緣景觀，他們每一個人都有希望與絕望交織的故事。

每到一個城市，我都會去當地檔案館，查找這場大規模歷史事件的草蛇灰線。根據《中華人民共和國檔案法》規定：國家檔案館保管的檔案，一般應當自形成之日起滿三十年向社會開放。一篇關於開放檔案的意義的文章寫道：「公民享有利用檔案資訊的權利。目前的檔案逐漸由封閉型、半封閉型向開放型的方向轉變，這是現代檔案館自身發展的一項重大措施。」

我設想也許從塵封的檔案中可以發現一些線索。然而大多數時候，我無功而獲。《檔案法》還規定，對於所有到開放期限的檔案，由鑒定小組及時進行鑒定，決定是否公開。這個標準十分模糊，為查檔增添了不可控因素。

春末夏初，我去了東部某沿海大省的省檔案館，位於其省會的新區東部，與省博物館、省美術館為鄰。穿越龐大的、灰濛濛的城區趕去那裡費了不少時間，抵達時已經接近中午。檔案館氣派陡峭的階梯令人心生畏意，我爬上去，推開裝飾著黃銅把手的沉重大門，空曠大廳裡沒有幾個人，兩個穿著黑色制服的女性工作人員，坐在高高的辦公桌後面審視著我。

我說明來意，希望查閱該省在二十世紀五〇年代末收容孤兒的檔案記錄。根據前期採訪，這裡是當年接納江南棄兒比較集中的一個地方。

接待我的工作人員三十歲左右，圓圓的臉曬得很黑，紮著馬尾。聽完我的描述，她的眼神明顯警覺起來，「你為什麼要查這個？」她問。她的口氣和神態具有戲劇性，以至於讓我覺得，這裡不是供市民開放查詢檔案的地方，而是時刻防範恐怖分子襲擊的危險場所。

這個沿海大省是經濟大省，同時保守的社會風氣名聲在外。這種保守風氣意味著「照章辦事」只是一個幌子，更多的時候，往往還有一套更為複雜的官僚系統在運轉。而我忽略了這一點。

我說：「我對那段時期歷史挺感興趣，想瞭解一下。」

她打著官腔說：「這涉及個人隱私，不能隨便查。」

這個藉口冠冕堂皇，但是政府的開放檔案並非個人戶籍，無涉私人隱私。

我解釋說：「我只是要查閱政府公開檔案，無關隱私。檔案法規定公民可以查閱公開檔案。只要是公開檔案，都可以查閱。」

她找不出理由回絕我，但我的態度一定令她不爽，埋下了我是一個麻煩製造者的印象，也早早種下了試圖阻止我的念頭。在我的記者生涯中，時常會遇到某些節外生枝，一些保守的採訪對象警惕記者的到訪，擔心禍從口出，並為此設置障礙、糾纏不休。如果沒有事先考慮到這些特殊國情，很可能就會招致整個採訪行動滿盤皆輸。

「黑圓臉馬尾巴」很不樂意地推過來一個本子，要我登記姓名，要走了我的身分證拿去複印。然後分配給我一台指定的電腦，上面有自行檢索的檔案名錄，可以通過查閱關鍵字查看到檔案提要。

我重點查了民政、糧食、醫療、婦幼等行政系統從五〇年代末至六〇年代初的檔案，並沒有發現明確記錄，有兩、三份檔案的名錄有「糧食供應緊張」或者「孤兒」的字眼，我決定碰碰運氣，按要求填寫了調閱檔案的單子，交給「黑圓臉馬尾巴」，她接過去面無表情掃了一眼，又抬頭看看掛鐘，告訴我：「馬上十二點了，我們要下班了，你下午再來吧。」

時針離十二點還有十幾分鐘，完全有時間查檔，但是她們已經迫不及待準備到食堂打飯了，毫不顧及他人付出的時間。這是我熟悉的一套機關做派，不符合現代治理文明，卻讓人無可奈何。

檔案館距離市區有一段距離，這裡沒有吃飯的地方，我決定就在附近轉轉，等下午查閱完再回市區，於是走進了檔案館隔壁的省美術館。美術館中午開放，裡面有「中國夢」大型主題展覽，我在裡面消磨了一個多小時，饑腸轆轆，到了下午上班時間，馬上返回檔案館，以免夜長夢多。

預感果然應驗了。「黑圓臉馬尾巴」女士找到了我所需要的檔案，現在六本檔案擺在面前，但是她不打算給我，而是告訴我：「你等下吧，我們需要讓領導審檔，看看能不能給你看。」這意味著，儘管這些檔明明就在公開查閱的目錄裡，但他們有權決定是否公開，以及對誰公開。

一會兒工夫，走進來一位高個子女士，「黑圓臉馬尾」女士向高個女士低聲交流著什麼。兩人的視線不約而同掃向我。那一刻的氣氛就像是老式偵探電影常見的場景，革命群眾對我這個潛在敵人投去猜疑和審查的目光。

高個子女士顯然是個領導，開始進來的時候還說笑著，現在臉色也嚴峻起來。她站在問訊櫃檯前面，用一種冷漠的近乎是招呼犯人用的口氣喊我的名字：「楊先生，你過來一趟。」我走過去，踩在光滑的大理石地板上，腳步孤獨無力。

「你為什麼要查這些檔案？」高個子女士問我，口氣完全像在審訊。

我反問她：「這些是公開檔案，國家規定公民可以自由閱覽公開檔案。」

「黑圓臉馬尾巴」女士在一旁煽風點火說：「這位先生也沒有單位介紹信。」

我覺得受了冒犯，「黑圓臉馬尾巴」女士的話提醒我注意到自己的尷尬身分：我是自由作家，屬自雇人士，很久都不領工資了，當然也沒什麼勞什子單位介紹信。我已經按規定提交了身分證明，並沒有額外的規定，要求公民提供單位介紹信以供審查，否則所謂的檔案公開就成了空談。

問題是，既然「黑圓臉馬尾巴」女士對我的動機產生了懷疑，那麼高個子女士當然也不得不表現出對這種懷疑的重視，否則真出了什麼洩密的事情，豈不是自找麻煩？於是高個子女士附和道：「檔案公開，也不是你想查什麼就查什麼。」

這股官僚氣息令人生厭，對動機的隨意揣測，無非是意識形態作祟和玩弄小小的審查權力。

我有點無力地辯解說：「我只是根據法規申請調閱已經公開的政府檔案。有什麼問題嗎？」

我們的分歧引來另一位男士加入，大概他也是這個部門的小領導，他擠到我身邊說：「你是不是想寫什麼東西啊？」

我生氣了，大聲回覆說，「我查閱檔案做什麼用是我的權利，你們也沒有權力問我查這些檔案的用意。」

這話反倒把這位男士惹火了，也許他還想幫我說幾句話，沒想到我這麼不領情！他罵了一句粗話，轉身離去。我抓住這個把柄，不依不饒，大聲指責他要求道歉。此人嬉皮笑臉不承認曾經罵過我：「誰聽見我罵你了？」

那個高個子女士勸我冷靜，然後果斷地說：「你要求看的檔案，我們需要審檔。」然後那個男士也加入進來，兩人飛快地翻看我要求調閱的檔案，十分隨意地說，「這個不能給你看」，「這個也不行」。

這種所謂的「審查」過於隨便了。我總計要求查閱的六份檔案，他們認為有四份不能給我看，只留下了碩果僅存的兩份。

我知道這個鬧劇從令人不齒的小官僚作風開始，最後演變成動用權力進行刁難。這個經濟大省的機關作風如此陳舊，簡直匪夷所思。

「你們依據什麼做出審查？什麼能讓人看，什麼不能讓人看？」我問。

「我們有一個審檔委員會，會對檔案做出審查和決定。」高個子女士說。

我要求她出示這個規定，她回答道：「這是我們的內部規定。」

我站在空蕩的大廳裡大聲指責他們，他們一方面回應，一方面裝作什麼都沒有發生，低著頭忽略我的存在。我已經明白可以展示的檔案不會有什麼有價值的東西，於是告訴他們：我拒絕看經過他們篩選的檔案，忿忿離去。

回去的路上，我有些後悔了。我有點操之過急。離開中國不過一年，習慣了老外那套按部就班的辦事方式，忽略了中國特色的國情。

車窗外，幾年前這裡還是荒郊野嶺，現在則是連綿不絕的嶄新樓盤和寬闊道路。很多事情都能說明中國取得的巨大進步，包括省檔案館的氣派大樓和開放查檔的莊重承諾。同時，還有一些陳舊的東西盤踞在某些角落，很多東西並不是依靠規章制度來進行的，人的因素仍然在社會運轉中扮演著重要作用，很多事情的改善也需要耐心和時間。

在南部省分的另一家省級檔案館，我遇到了跟東部沿海那家檔案館類似的經歷。一個戴眼鏡的年輕男性工作人員對我十分警惕，幾乎把我當成了階級敵人，他反覆審問我的閱檔動機，就像之前遇到的「黑圓臉馬尾巴」女士一樣，具有強烈的偵察意識。我吸取了上一次的教訓，一直和顏悅色。我說，一個親友是困難時期的棄兒，從該省會城市被人抱養，得知我來省會出差，央求我幫他查一下當年的檔案有無相關記載。

我並不是撒謊。我的確認識一些從南京被抱養的棄兒，他們希望借助我的記者身分，說明呼籲尋親，並且這種說辭可以避免對方重複審問我的查檔動機。這種審問讓嘴笨的我無力招架。

「那你親友為什麼自己不來？」眼鏡男士問。

「身體不好來不了。」我答。這回答也中規中矩。

這時又來了一位面相和藹的中年男士，他讓我填個單子，允許我去目錄櫃查詢。我為避開咄咄逼人的眼鏡男子感到慶幸。

該省檔案館的檔案還沒有電子化，所有檔案目錄全部放在一個玻璃書櫥裡，按照年分順序排列，用藍色的資料夾製作成冊。

我隱約覺得，該省是當年孤兒流入和流出最為集中的省分，應該能有相關記錄。果然，在目錄中，我發現了一九五八年、一九五九年、一九六〇年關於「棄嬰情況」的若干通知及各地棄嬰情況彙報，且都在開放查詢的名單上。

我填寫好單子交上去。眼鏡男士翻了一個白眼：「等著吧！」似乎很不情願地走進隔壁房間去調檔。

結果我等了很久。我上午就來了，到了中午下班時間還沒有結果。於是我走進那個房間，想催問進展。眼鏡男士往外趕我：「不要進來。」

「我只是想問問什麼時候可以把檔案調出來。我著急趕車。」我說。

那個和藹的中年男士又出現了，說：「別急，查檔案是比較麻煩，你坐下，耐心點，先去喝點水。」

我又等了差不多兩個小時，饑腸轆轆，喝了好幾杯水，完全不曉得裡面什麼狀況，也不曉得系統正在緩慢但是堅決地啟動審查手續。我身邊坐著另一個查檔的青年男子，看樣子像是大學的研究生，在安靜地手抄一份民國時期的省教育局的檔案。我羨慕他，懷念起在單位的時候拿介紹信去執行工作採訪的日子。問題是，我現在屬於自雇人士，為自己工作，隨時面對系統可能施加的壓力，憑一己之力幾乎無力應付。

熬過了一個中午，直到下午上班時間，眼鏡男士接到了一個電話，稱對方「主任」，隨後從一樓去了二樓。我意識到事情可能起了變化。

果然，眼鏡男士從二樓下來後，來到我面前，口氣比上午緩和了許多：「對不起，你要查的這些檔案都不能給你看。」

「能告訴我理由嗎？這些檔案都在公開借閱的目錄上。為什麼不讓看？」我問。

「是這樣，這些檔案有些內容還是很敏感的。你查閱的那些資訊，目前不宜對外公開。」眼鏡男士進一步說。

對方以明確的態度道出拒絕的原因，看來之前東部沿海大省的不愉快經歷並非刁難這麼簡單。這是系統行為。我無語了。

大概看我一臉無奈，眼鏡男士還跟我多聊了幾句，這個時候，那位和藹中年男士也加入進來。兩人對「上海孤兒」這段歷史發表了各自看法。

中年男士打著哈哈說：「三年自然災害主要是向蘇聯還債造成的經濟困難。」沒想到之前對我充滿警惕的眼鏡男士反駁了中年男士：「根本不是這樣。三年災害是大躍進和浮誇風一系列政策失誤造成的。跟烏克蘭的大饑荒其實一個樣。」中年男士有點尷尬。我也很意外。

烏克蘭大饑荒發生在一九三二年至一九三三年的蘇聯時期，據估計，大約有二百四十萬至七百五十萬烏克蘭人死於這一事件。當代學者大多認為烏克蘭大饑荒是在史達林農業集體化運動的背景下出現的災難，造成饑荒的原因有自然因素，但更主要的是人為因素，從成因上跟中國的三年災害十分類似。這番話顯示這位眼鏡男士對這段歷史有著清晰認知。也恰恰是他憑藉敏感嗅覺阻止了我跟真相接觸。

離開綠樹成蔭的省檔案館的院子，這個反差強烈的畫面一直在腦海出現。我進而明白，成為系統的一分子，就會堅定維護體系運轉，這個過程中，其他的標準不再重要。

後來，我又到過河北省檔案館、山西省檔案館。遺憾地發現，幾乎所有的檔案館都沒有完整開放那段時期的檔案。我悲哀地想到，這麼多年過去了，真相仍然看不見，這對棄兒們不公平。很多人並不知道我們曾經承受的歷史，或者像眼鏡男士一樣選擇性地視而不見。很有可能，在特定條件下，悲劇還會再一次重演。

又見上海

追隨著尋親者的腳步，最後一站我來到上海。

比起其他省市的檔案館，位於外灘的上海市檔案館是我遇到的最為規範的窗口單位。這裡提供了更多的開放服務，體現了與國際大都市地位相符的水準。這裡也有審檔，但規定都寫在紙上，有據可查，程式透明，基本杜絕了隨意的人為因素。好的制度可以培養公眾信心，執行很差的制度則相反。

在上海檔案館，我有了一些特別的發現。

一九五九年九月十日，一份《關於加強對流浪街頭和流散小船上的外來人口的收容遣送工作的請示報告》中提及：

「自七月以來，由於某些地區發生了嚴重的自然災害，外地盲目流入的農業人口尚未得到有效的制止，據各區調查，流浪街頭的外來人口約有一萬人左右。來自江蘇的約占70%，蘇北興化、泰州、江都、高郵居多，來自安徽的20%，其餘則來自浙江、山東。」

「某些地區」自然指的是報告提到的江蘇、安徽、浙江、山東。這是重災區，也是流民主要來源。一萬人流浪上海街頭，規模驚人，印證了饑荒的嚴重。出於求生本能，災民到大上海尋求幫助，相信在這裡能找到活路。戶籍制度不允許自由流動，他們當時被視作「盲目流入人口」，簡稱「盲流」，這個詞彙帶有對流動人口的制度性侮辱，計畫時代烙印鮮明，後來的市場經濟取消了對人員流動的限制，「民工」、「農民工」、「進城務工人員」才次第取而代之。

我記起了呂順芳講過的話。「為什麼我們把孩子都扔到了上海？因為我們這裡的人腦子活，大家知道上海有吃的。你送我也送，好像生怕吃虧似的。」

起初我不理解「怕吃虧」的含義，現在才恍然大悟：這是非常時期中國人的生存智慧，說白了就是為了活命。農村人口是最大的受災群體。如果呆在原籍，就會無聲無息死去。既然糧食優先供應給了上海這些大城市，那麼就把孩子丟去上海！某種意義上，這是對城鄉二元分配體系發出的抗議。

隨著流民大量湧入，上海不堪重負。一九六〇年二月五日上海市民政局的通知顯示：為了應對江蘇等地的流浪人員和棄嬰的增加，上海尋求組織協調說明。

《關於去江蘇磋商動員遣送盲目流入本市的農民回鄉生產工作的幾點意見》顯示，「全市約有臨時人口三十二萬人，其中盲目流入的十多萬人。絕大部分是農村人。其中來自江蘇的約占70%，安徽占20%，浙江、山東等地的約占10%。江蘇流入的以揚州專區興化、商郵、太（泰）州、江都等地為最多。70%以上是農村青壯年勞動力，其中還混雜有一些地富反壞分子。」

比照第一份報告可以印證，上海的流浪人口主要來自江蘇、安徽這兩個相鄰省，占了90%，其中占70%的人口是青壯年勞動力，正值生育年齡，應該大都拖家帶口，基本可以判斷是棄嬰主要來源。

「農村人口盲目流入，帶來糧供治安問題，特別是少數地富反壞分子和二流子等流入本市後，造謠破壞，汙蔑人民公社，攻擊農業『大躍進』。」

「此外有些農村人口在流入城市後，把帶來的嬰幼兒遺棄在車站、碼頭，最近一個時期本市收養的嬰幼兒急增。今年一月一日至十八日，全市收養棄嬰和兒童七百九十人，平均每天收養四十四個人，較去年同期增加十倍多。在收養的嬰幼兒中，80％以上是農村人口，據對二十九個七歲以上的兒童談話得知，除兩人原籍安徽外，其餘均是蘇北農村的。」

根據這些資訊得出判斷：棄兒絕大部分來自江蘇和安徽，少部分來自浙江和山東——都是上海近鄰。這應該就是今天五湖四海的「上海孤兒」們的主要來源。

這個關鍵資訊點明了上海孤兒群體的主要構成。就像呂大姐所說，「上海孤兒並不是上海人，只是經過上海流出的」。

「為減少社會棄嬰，除本市積極採取措施外，要求江蘇結合勸阻工作，對農民進行宣傳教育，發現有遺棄嬰兒的問題，要進行適當處理。」

各地開始相互協調應對越來越大的棄嬰潮，目的是保證上海正常運轉。但是對於這些饑餓的流民，只強調「宣傳教育」，並沒有進一步的救助和解決方案。

到了三年困難時期結束，情況趨於好轉。《育兒院一九六二年上半年認領處理情況》記錄，上海育兒院自一九五九年到一九六〇年大收容以後，收容量逐年減少，據當年一到四月的統計，平均每月只收容五十一名，「情況基本上是穩定的」。

至此，可以勾勒一幅比較清晰的棄嬰遷徙圖：

上海地區的棄兒，主要來自江蘇，其次是安徽，少部分來自浙江和山東。流入上海、無錫等地的原因，是因為這些地方有慈善傳統，父母們聽說過那裡有育兒院，可以收留孩子。對饑荒的恐慌及前景的不確定，增加了父母的擔憂，就像一股風潮，父母爭相把饑餓的孩子送到了陌生的大城市。或者這些父母本身就不甘毀滅，他們把孩子拋棄在街頭，發出無聲抗議。饑餓誘發幽暗人性，他們把孩子拋給政府和社會去處理和看護，放棄為人父母的責任，這看起來理直氣壯，實則殘酷。

上海和無錫等地，無力承受越來越多的棄兒，於是大部分被發現的棄兒，在上海、無錫做了短暫停留之後，順著隴海線繼續送去了沿線各地省分，偶然成為

「國家的孩子」之後，又成了青島人、河南人、河北人、內蒙古人、東北人、西北人，成了漂泊一生的中國人。

——

離開上海前，我來到外灘。渾濁的黃浦江靜默無聲，江面蒸騰著溽熱濕氣。遊人如織，大都在以漂亮的風景和建築為背景拍照、散步。大運河最粗壯的一條支流，流入了黃浦江。那些被遺棄在上海的孤兒們，當年也是沿著密如蛛網的水系，分散到天涯海角。

上海是東西方文明交匯的前沿，這裡也是中國人的命運發生激烈變動和碰撞的地方。眺望對岸的浦東，那裡是我外公與外婆的故鄉，我母親的出生地，我生命二分之一的來源之處，熟悉又陌生。我童年時曾經隨外公、外婆到浦東探親，印象中還保留著農田、池塘、泥濘小路的鄉村模樣，那時流行的話是「寧要浦西一張床，不要浦東一間房」，如今浦東已經成為寸土寸金的金融區，看著對面的上海明珠和陸家嘴大廈，今昔比照，令人仰視。

這是一個不圓滿的尋親故事。我在中國迷宮中行走，尋找一個並不確定的路徑，在這個過程中，看見過去、看見自己、看見命運。

我帶著遺憾的心情返回了倫敦，有一天我跟在濟南的媽媽通話，我們少有地談到了遺忘已久的家族遷徙史。

媽媽似乎記起了許多事情，我第一次從她那裡得到確認：外公當初從上海來到濟南並不是國家分配——那只是一個一廂情願的故事，而忽略了故事背後小人物的掙扎。

「他那個時候應該是失業了，在上海生活不下去了。」媽媽肯定地說。

外公當時在上海淮海路的一家服裝店做裁縫，主做女裝，靠此收入養活妻女。但是在公私合營的浪潮中，這家私營裁縫店被關，於是外公這樣的小民就失去了飯碗，一家人生計受到了影響。媽媽推測，外公應該是在別人那裡得知濟南新建的服裝廠需要技工的消息，才千里迢迢遠赴山東的。外公那年三十五歲，外婆比他大一歲。準確地說，他們是不得已背井離鄉。這和那些棄兒們的命運並無二致。

一九五五年的那個春天，媽媽十歲，她和外婆在上海浦東的家裡收拾行囊，準備前去濟南投奔外公。一年前，外公在濟南安頓下來，在當地一家國營的呢絨服裝廠謀到了新工作，據說待遇還很不錯：工資一百元——後來困難時期又減到了八十元。那會兒，外婆接到外公口信，讓她們去濟南，並且「記得帶些碗來」。

外婆帶著媽媽，真的是帶了包括碗在內的家當，經過南京倒車一路奔波來到了濟南。「一出濟南火車站，你外婆那個後悔啊。看到山東人手裡拿的碗居然都是黑的，才明白外公捎話帶碗的緣由，真的是一無所有啊，山東人吃的煎餅就像是黃裱紙一樣薄。」媽媽回憶說。

「他們後悔過嗎？」我問。

「當然。」媽媽說，「不知道哭過多少次。」

他們棲身在大緯二路一個胡同的大雜院裡，開始了艱難的異鄉生活。中途因為生活挫折，曾經申請回上海，沒有得到允許。生命已經不再屬於他們自己。

成長背負的壓力，並不會輕易清除。如同我與父親。媽媽當然知道我和父親之間的隔閡，對於雙方來說都是無法彌補的遺憾。我理解了父親為什麼總是對保持家的秩序充滿執念，那是動盪世界他唯一可依賴的支撐物。我祈禱鴿子蛋上的螢光一直守護著他。

那一次在倫敦我又感受到了黃浦江邊濕熱的風。我們都回不到過去。火車把我們運送到四面八方，命運重新書寫。經歷過所有動盪之後，我也開始接受一個現實：「不確定」才是生命的本質。

——

又一個春節——二〇一八年戊戌年狗年過後不久，鄭玉珍告訴我，呂大姐的尋親會將在這年春天舉行。她已經買好了車票，將和安陽的孤兒們一起，再度到江蘇尋親。

「這是我最後一次去尋親。」鄭玉珍在電話裡告訴我，語氣肯定，「我已經六十二歲了，生父生母健在的可能越來越渺茫了。」

我祝她好運。

這次我無法回去參加了。我記得呂大姐曾經說過她不再打算操辦任何尋親會了。我想，骨子裡的熱情仍舊支撐她繼續做下去，提醒人們不要忘記過去。隨後，我在呂大姐尋親網上看到一則簡短的啟示：

應廣大尋親者的迫切要求，呂大姐尋親網與宜興日報社再度聯手，於五一節當天在宜興市博物館一樓報告廳舉辦二〇一八陶都尋親會。

我想起一年前的此刻，河南女士劉南香最早引我進入到「上海孤兒」這個群體。而我很久都沒有跟她聯絡了。於是將這個消息在微信上轉發給了劉南香，但是遲遲沒有回覆。這不合劉女士的風格。她總是對跟尋親有關的一切線索保持警覺，無論何時在手機上或者微信上找她，她總是第一時間回覆，似乎永遠不休息似的。

幾天之後，我的手機接到一條訊息，對方自稱是劉女士的兒子，告訴我一個不幸的消息，劉南香女士在十天前因為心臟病去世。

我感到意外和悲傷。我知道劉女士心臟不好，隨身都會帶著好幾種藥片。但是六十五歲就離世實在太年輕了。一次次的艱難尋親肯定讓她心力交瘁，並且造成了沉重的精神打擊。

她的兒子告訴我說：「我只當媽媽到另一個世界旅遊去了。」

劉女士善良熱誠，對家懷有一種虔誠的嚮往。我還記得她柔弱的聲音。聲音也能在虛無的人世間刻下印痕，微不足道但是發人深省。我祈禱尋親路上走得很辛苦的劉女士，會在另一個世界跟自己的親生父母見面。也許她將牽著父母的手，再次走過上海熱鬧的弄堂，來到當年遺棄她的地方。那個憂傷的舊日上海已經遠去。她輕聲告訴母親，自己原諒了一切。

輯II・

白修德之路

福爾曼於 1942 年拍攝的河南饑民。

白修德與湯恩伯將軍於河南洛陽的合影（福爾曼攝影）。

重回嵖岈山

北方夏收季節，公路兩側滿是黃澄澄的麥田，麥浪起伏搖曳，乾燥的熱風吹在臉上，卻也令人心情愉悅。

我告別了迷茫的尋親者。這注定是一次艱難的旅程：國家的孩子們，踏上尋找自我之路。

我此行的目的地是嵖岈山。今天的嵖岈山籍籍無名，中國人對它可能很陌生，無法和作為旅遊名勝的廬山、華山相提並論，但是它在中國歷史上卻占有特殊位置。

一九五八年四月二十日，嵖岈山人民沉浸在喜悅中，熱烈慶祝嵖岈山人民公社成立。嵖岈山人民公社是世界上第一個人民公社，是繼巴黎公社之後的又一個烏托邦試驗田，然而美夢終滅。

旅途中，我手頭帶著一本從二手網站上淘來的舊書，這是美國記者白修德的自傳。我沉浸在白修德的精彩敘事中，順便緬懷了自己無疾而終的新聞從業史——在新聞業「撲騰」了二十年之後，我最終選擇當了一員逃兵。去到英國面對無孔不入的英文資訊，方知道中文才是永遠的鄉愁。想當初也曾幻想憑藉一支筆抱打不平鐵肩擔道義，對於記者職業抱有不切實際的理想主義，而今夢想幻滅。讀到白修德的記錄，那些塵封已久的屬於記者的榮耀又在向我發出召喚。

白修德英文名字為西奧多・懷特（Theodore White），一九一五年出生於波士頓的猶太家庭，是上世紀《時代》雜誌第一位駐華記者，報導了中國的抗日戰爭，也是第一個報導一九四二年河南大饑荒的外國記者——那場災難至少造成三百萬人死亡。

這兩個「第一」並不簡單。

中國是龐大的敘事迷宮，需要借助他者的視角來穿越迷霧抵達真相。外國駐華記者提供了一個很好的視角，他們深度介入新聞事件，又避免了「不識廬山真面目，只緣身在此山中」的同溫層的局限。

中國從來不缺乏精彩故事，而是缺少對於歷史的忠實記錄。而白修德自由穿行中國，寫下自己的獨立觀察。

一九四二年大饑荒和一九五八年的嵖岈山人民公社，都發生在河南，悲劇輪迴只間隔了十六年。我感嘆於人類記憶總是具有選擇性的。如今中國走向務實的發展道路，我們看到和談論更多的是輝煌成就，並不遙遠的歷史已經相忘於江湖。

「為什麼中國創造了世界上從未中斷的古老文明，也製造了一幕又一幕人間悲劇？如果綿延的文明充斥了血腥暴力和死亡，這種所謂的文明究竟有什麼可以驕傲之處？」

今天讀到白修德字透紙背的靈魂拷問，仍不免心生敬畏。假使沒有這些至今讀來仍然充滿溫度的文字，後人對歷史的感知將遲鈍很多。

清早，我從河南省駐馬店市遂平縣的招待所坑窪不平的彈簧床上醒來，起身洗漱一番，穿過嘈雜的縣城街道，去長途運輸站乘嵖岈山方向的巴士。我在中國做了二十年記者，從一個莽撞的小年輕進化為熟練的旅行者。我習慣了不同的環境，見證了中國日新月異的發展。借助便利的道路網路和多樣的工具，如今在中國各地的旅行變得毫不費力，但是也失去了些許探索的樂趣。

老照片顯示，白修德身材矮小、謝頂、略顯嬰兒肥、戴著眼鏡，像是一個笨手笨腳去參加畢業舞會的大學生。白修德晚年寫的回憶錄中，曾經對自己初來中國的形象作了一個速寫般的描述：

「現在回過頭來看那個正離開波士頓的羽毛未豐的大學畢業生，好像是從望遠鏡的反端去凝視某些不認識的事物一樣，我所能看見的，是一個戴著眼鏡的匆匆過客，挾帶一隻箱子和一台舊打字機，準備周遊世界，在回國之前成為一名歷史學教授……」01

其實，白修德最初在中國的從業經歷並不光彩，他從事的是新聞審查的工作。

一九三九年四月十日，二十三歲的白修德被國民黨政府雇用成為宣傳部的顧問。白修德每月的工資是四百中國法幣[02]，相當於六十五美元。因為白修德來自哈佛大學的高級研究生班，這是中國高官們都沒經歷過的。他領導的六位新聞專欄中國作家都能講一口英語，年紀也都在三十到四十歲之間，比他資深，但是工資卻只有幾袋大米。

「當然，現在再回頭去看，才會發現這一切是場大悲劇，所有說得一口流利英語的高官都與自己國家的人民嚴重脫節，他們不瞭解自己的國民，甚至都不瞭解腳下的這座古城，因此根本無法幫助我瞭解中國真正的現狀。」

白修德很快明白，實際上自己是被雇來影響美國公眾輿論的，美國對抗日的

01 白修德著，崔陳譯：《中國抗戰秘聞——白修德回憶錄》，河南人民出版社1988年版，第1頁。
02 法幣：國民政府於一九三五至一九四八年間發行的國幣，後因國共內戰引發的惡性通膨，而被金圓券取代。

支持是國民政府賴以生存的希望所在，影響美國的新聞界就成為迫切需要。「向美國撒點謊、騙一騙美國人，不惜一切地說服美國，什麼中美兩國的前途在反對日本事業中是一致的話都被認為是必需的」，他的工作就是「進行一切必須的欺騙」。03

具體說來，白修德所在的小組擔任的其實是剪刀手的職責，負責新聞審查，所有從國民黨地區發出的外電，都要經過他這個部門。他所做的事，包括修修補補，誤導歪曲，做的全是新聞對立面的事情。學習歷史專業的白修德此時為了生存也入鄉隨俗，蕭隨曹規。在他的回憶錄中，沒有刻意迴避這段不怎麼光彩的經歷，但也盡可能一筆帶過了。

白修德早期操作的一起假新聞十分轟動。他偶然看到一則中文消息稱：一個浙江女人往日本軍人扎堆的戲院扔了一顆手榴彈，炸死一些日本兵後便逃跑了。於是白修德改頭換面，將女人包裝成為手持雙槍、神出鬼沒的女遊擊隊長「蔡金花」，將編造的資料提供給西方媒體，子虛烏有的「蔡金花」成為大洋彼岸讀者心目中的傳奇女性，直至《時代》打算深入報導此人，白修德才承認自己造假。另一方面，這篇假新聞也宣傳了中國人民的反抗精神，贏得了美國社會和政府對中國抗日鬥爭的同情與支持。虛構的歷史挽救了一項正義的事業。這或許算得上是新聞史上的奇觀。其成效之大，難怪很多人對編撰之事趨之若鶩了。

因為這段奇特機緣，白修德被《時代》雜誌注意上了。風雲際會的中國永遠是世界繞不開的話題。一個擁有寫作才能的學習中國歷史的美國人，有在中國政府的歷練和人脈，這些優勢令白修德成為《時代》駐亞洲的第一個特派記者。

二十世紀初的中國一片混亂，誠如歷史學家羅斯·退爾所評價的：「當時，國際新聞是一種冒險，革命是一種時髦。」04

《時代》雜誌長期關注中國的傳統跟創始人亨利·魯斯有關，魯斯就出生在山東煙臺，父親是美國傳教士。魯斯對中國很有感情，不但與蔣介石、宋美齡有

03《中國抗戰秘聞——白修德回憶錄》，第26頁。

04 李輝：「譯序」，彼得·蘭德（Pater Rand），《走進中國》，第7頁

私人交情，與國民黨政府上層也有廣泛的交往。《時代》是美國老牌新聞雜誌，開創了周刊概念媒體的先河。亨利．魯斯在發起書中宣告：人們之所以不瞭解情況，是因為沒有一種出版物能適應忙人的時間，使他們費時不多，卻能周知世事。白修德受到魯斯的影響，和《時代》一起把蔣介石塑造成「英雄」，出於這樣的新聞觀念，白修德在很長時間對於中國抗戰的報導充滿了不實之詞。以至於《紐約客》的專欄作者項美麗（Emily Hahn）在其中國回憶錄中評價白修德的報導，「太重表達他想看到的，而不是他實際看到的」。05

白修德偶然從一個美國外交官那裡看到了來自洛陽和鄭州的傳教士的信件，得知河南正在發生大饑荒。白修德憑藉這些可信度很高的資料，寫了一篇報導《十萬火急大逃亡》，刊發於一九四二年十月二十六日出版的《時代》雜誌，他引用了傳教士阿西克拉夫特和于斌的證詞，講述了饑荒慘景：

「一個母親餓死了，嬰兒還在吮吸死去母親的乳頭；成捆的樹葉被當作食物販賣；一個農民把一家人召集到一起，集體吃上一頓飽飯，然而吃過的飯裡已經下了毒藥；數千人已經死去，數十萬人走投無路，千萬人面臨著一整個漫長冬天的大饑荒的折磨。」[06]

這是迄今最早的關於河南大饑荒的新聞報導，令世界第一次得知河南正在發生的危機。今天重讀這篇報導，仍能感受到貫穿其中的的寫作激情和人道色彩。這種人道精神將令白修德穿過饑荒的土地，審視災難的真正成因。

——

長途運輸站已經川流不息。年輕熱情的女售票員把我介紹到一輛中巴上，告訴我，「馬上就出發」。早上十點，氣溫已經很高。我在蒸籠似的車廂裡足足等

05《北京晚報》，2018年1月12日「揭秘一個歷史記者的誕生」。

06 白修德：《十萬火急大逃亡》（趙致真譯），見宋志新編著：《1942：河南大饑荒》（增訂本），湖北人民出版社2012年版，第41頁。

了半個小時，但是中巴紋絲沒動。女售票員又讓我移步到前面一輛中巴上，面對疑問改口說，前面這輛中巴才是「馬上就開」，因為交了車票錢，我和其他幾個乘客只能聽其擺布，在第二輛中巴上又乾坐了半個多鐘頭，車子才無精打采啟動，不過慢吞吞圍著縣城繞了一周，沿途拉上了幾個路邊的乘客，就停在了出縣城的公路邊，司機命令所有乘客再次轉移到在已經等候在路邊的第三輛中巴上。這麼一折騰，車子還沒離開縣城，就消耗了兩個鐘頭。

及至我們換乘的第三輛中巴終於在公路奔馳起來，我焦躁的心情才稍稍平復。我不清楚這套複雜的接力程式的背後，是否隱藏著對於運營成本的務實算計。在這生機勃勃的市場經濟的一角，每一條細微的經濟系統都在追尋著利益最大化，但是普通乘客的時間成本和權益不被考慮在內，在擊鼓傳花的遊戲中被優先忽略掉了。

白修德憑藉信源寫了河南災區的第一篇報導之後，才有機會深入河南災區，經過實地調查得出饑荒源於人禍的結論。中國很多事情都跟人的因素有關。就像我在中巴車上被三次倒賣的經歷一樣，市場規則和契約信用，讓位於追逐利益最大化的隨機行為。「制度是死的，人是活的」，以及「制度也是人制定的」，都是中國人耳熟能詳的話。制度的彈性空間很大，留給人折騰的空間也很大。這使得中國發生的很多事情充滿了不可預見的風險。

嵖岈山為伏牛山的餘脈。我所乘坐的中巴車先是駛入了一條省級公路，熱風給車體吹蒙上一層厚厚的塵土。不久車子又拐入了一條蜿蜒的鄉間公路，沿途的景致比起高速公路更為多樣。兩旁是寬敞的瓦房，有老人在背陰處閒坐，中年人在晾曬穀物，而孩子也在路邊玩耍。可以看到，經過四十年前以農村為突破口的改革開放，今日中國農民的生活變得富足。中途上來了幾個壯年男子，身上冒著熱氣，卸下肩上花花綠綠的包裹，瞬間堆滿了車廂過道，言談表明，他們都在外省打工，趕在夏收時節回家割麥。不久，車廂裡就充滿了人體的汗酸和窗外湧入的成熟麥子的氣味相混合的味道。

看到豐收在望的景象總是讓人喜悅，令人對這塊土地上辛勤勞作的生靈心生敬意。糧食問題一直是中國人生存的頭等大事，中國農民一輩子辛苦侍弄土地，肆虐的天災和無情的統治者，都成了難以逾越的掠奪者。

歷史上，鮮少有統治者在糧食領域取得足以標榜千秋的功績。嵖岈山人民公社具有理想主義的鮮明特徵，目的是消除不平等的土地關係，消滅地主，形式上做到人人平等，但是對農民的束縛也是前所未有的嚴酷。這套理想主義的設計最終失敗了，沒有帶來預期的豐收與繁榮。直到後來的包產到戶，承認農民對土地的自主權，才解放了生產力，調動了生產積極性，中國人才第一次吃飽飯。這樣的千秋功業怎麼評價都不為過。

——

時間過了午間，中巴停在一處熱鬧鄉鎮的十字路口，操著難懂方言的司機指給我看左手邊的一條岔路，告訴我不遠處就是嵖岈山人民公社。我跳下車，猛烈的陽光傾瀉在頭上，車子很快消失不見了。

我沿著「衛星路」這個帶有「文革」色彩的路牌指示，向前走了一百多米，看到了嵖岈山人民公社的舊址，現在這裡改建成了一家博物館，被列為「全國重點文物保護單位」。

幾名村民圍坐在門口樹蔭下下棋，對我這個外人的出現並不在意。兩扇鐵門虛掩，我推門而入，一名門衛不知從哪裡冒出來，一邊吆喝著一邊快跑過來，他從傳達室拿出一本卷了毛邊的名冊，要求我登記名字並且出示身分證，我很疲倦，趕路的折騰讓我不爽，嘀咕了一句「這種地方也需要身分證？」，門衛認為我的態度不配合，十分威嚴地瞪了我一眼，他公事公辦掃了一眼證件，示意我自尋方便。

空蕩的院子裡，除了我還有一名年輕媽媽抱著嬰兒坐在樹蔭下打發時間，有鳥兒叫聲從樹叢傳來。用中、英、韓文書寫的介紹上這樣說：「嵖岈山衛星人民公社是人民公社化運動時期鄉村政治的典範。它的演變和發展為我們總結社會主義建設過程中的經驗教訓提供了珍貴的歷史資料。」

這裡整體保留了當年布局。沿著兩旁種植著高大白楊樹的磚石路進入，左側是人民公社大食堂，都是北方常見的磚瓦大屋；門鎖著，趴在窗戶上往裡看，鍋台、灶具、木桌、條椅一應俱全，很明顯全是複製品。外牆上是後來重新刷寫的「毛主席語錄」：

「敵人是不會自行消滅的，無論是中國的反動勢力或是美國帝國主義在中國的侵略勢力，都不會自行退出歷史舞台。」

另一面的白牆上則寫著：

「共產主義是天堂！」

略感詫異的是，無論是人民食堂的水泥複製品，還是牆上的語錄，都歸置得整齊有序，線條分明，給人一種錯覺，似乎這裡曾經發生的事情是以條理有序的文明形態進行。

院落中央是嵖岈山人民公社的辦公大樓。這棟陳舊的兩層筒子樓，在五〇年代是當地唯一一座樓房。它的另外一個名字「大樓」，一直沿用至今。帶有奇幻色彩的「大樓」，實則建立在浮沙之上。當年，毛主席意氣風發巡視神州大地，稱讚「還是辦人民公社好」，於是人民公社很快成為中國農村的新事物，席捲全國。

從一九五八年到一九八三年，人民公社的政社合一體制，一直是中國農村的基層政權組織形式和基本經濟制度。嵖岈山人民公社仿照一個獨立的政權體系而建，帶有強烈實驗色彩。走進「大樓」，裡面空蕩幽靜，每一個房間的門楣上，都保留著當年行政設置的銘牌，計有「財政部」、「內務部」、「商業供銷部」、「文教衛生部」，諸如此類。麻雀雖小，五臟俱全。嵖岈山公社做出了區域發展規畫，有重工業區、輕工業區、商業經濟區、文化區、林業區、牧野區、農業區，帶有鮮明的空想色彩。在某些鎖住的空房間，只留下了牆上的毛主席畫像，十分專注地注視著訪客。如果毛主席有機會看到外面的今日世界，一定驚訝於世事變遷超出了設想。

我折回光線昏暗的展室，一名工作人員突然出現在身後，拉著電閘，房間亮了。他告訴我，平時這裡少有人參觀，為了省電，多數時間都把燈關上。說完面無表情離開了。這裡的工作人員似乎脾氣都不好，不清楚是因為我的到來打破了他們無所事事的悠閒狀態？還是嵖岈山獨特的歷史遺產令他們沉醉至今？

展室陳列的資料記錄了嵖岈山人民公社一九五八年四月二十日成立之後的盛

況。嵖岈山衛星人民公社成為當時「一大二公」[07]的典範。為了顯示新生事物的優越性，人民公社流行吃大鍋飯，食堂食譜上種類繁多。我到訪的這天是星期六，在當年嵖岈山公社的公共食堂，星期六這一天的菜譜是：

早餐：卷子饃、和平湯、涼粉、豆芽、銀絲菜、紅絲菜
午餐：穿湯麵、白菜、銀絲
晚餐：鍋巴饃、雪花菜、炒豆腐、銀絲、炒百合

早上出門沒有來得及吃飯，此刻看到這份食譜令我腸胃大動。即便今天看，這份菜單也屬於小康水準，明顯脫離了當年的物質條件。

人民公社的社員不允許個人在家庭開火，但是可以來食堂隨便吃，充分享受共產主義生活。於是沒人幹活了，生產撂了荒。這樣下去糧食產量下滑怎麼辦？許下雄願的地方領導人為了交差，在農業產量上開始虛報、瞞報，吹噓高產豐產、大放衛星[08]，誰不吹牛就是反對人民公社，河南成為了後來席捲全國的浮誇風的

「發祥地」。嵖岈山人民公社的「成績」引發全國上下追捧。一九五八年夏季，中國各地農村的小麥、旱稻、花生等作物的高產「衛星」競相「上天」，令人眼花繚亂。在「人有多大膽，地有多大產」等口號的影響和支配下，放高產「衛星」運動席捲全國，有些科學研究機構、高等學校也被迫捲入這場神話般的競賽中。

至今讀到那些荒唐到質樸的讚歌，仍覺不可思議。這些政策的出爐，反映了決策者處在一個封閉圈子裡，饑荒出現的時候，遠在北京的領導人不清楚地方上發生的悲劇，錯誤地判斷了局勢，而地方上的官員也不知道外界發生的變化，只知盲從以求保住烏紗帽，人民也蒙在鼓裡，對近在咫尺的威脅恍然不覺。不久，悲劇從河南蔓延至全國。

回望歷史，嵖岈山留下一地理想主義的碎片。我們對歷史的感知建立在一種陳述之上，如何讓這些記憶更可靠、更具反思價值？如果社會只有一種聲音，只

---

07 出自1958年9月3日的《人民日報》社論《高舉人民公社的紅旗前進》。毛澤東認為人民公社的特點是「一曰大，二曰公」。其中，「大」是指公社規模大，「公」是指公有化程度高。

08 指1958年起在大躍進中各地浮誇風盛行、虛報誇大宣傳糧食產量的情形。

允許唱一首讚歌，則這個社會注定孕育著不可預知的危機。

一九四二年白修德突破重重包圍，向世界發出河南大饑荒的報導，最終引起了外界人道干預。我受到美國人啟發，決定投入一次旅行：沿著白修德當年的採訪路線，重走他報導的地方，重溫他的觀察。白修德如何觀察和書寫當時的中國？他所經歷的河南大饑荒，和中國歷史上的其他悲劇事件，是否存在某種秘密關聯？我脫離一線新聞報導有段時間了，那些屬於記錄者的榮耀仍然召喚我起身探尋真相。

獨立的批評聲音對於一個社會的健康運轉十分必要。從中國到英國，我對這一點更加篤信。這正是新聞介入歷史和社會的價值所在。以嵖岈山之行作為重走白修德之路的起點、向新聞前輩致敬，於我十分適宜。既然歷史沒有擺脫輪迴命運，我的重複也就值得。

消失的中國記者

查閱資料的時候，我第一次得知，幾乎在白修德奔赴河南探尋災荒的蛛絲馬跡的同時，已經有中國記者對這場饑荒做了深入調查和詳細報導，其開創性的貢獻不遜於白修德，但是鮮為後人所知。

第一個報導河南災荒的中國報紙是《大公報》。《大公報》作為一家歷史悠久的民營大報，抗戰以後從創刊地天津遷往重慶，其「不黨、不私、不賣、不盲」的宗旨為人稱頌，長期堅持文人論政的傳統。

一九四二年十二月，《大公報》派張高峰到河南任戰地記者採訪災荒。張高峰是天津人，生於一九一八年，參加了平津流亡學生組織的抗日宣傳隊，喜歡舞文弄墨，一九四〇年遷入四川樂山的武漢大學政治系讀書，兼任《大公報》通訊員。[09] 張高峰從四川途徑西安的路上，看到成千上萬從河南逃荒進入陝西的難民，他到達洛陽之後，往南經過了密縣、登峰、臨汝、寶豐等縣，根據所見所聞，寫了一篇《饑餓的河南》。《大公報》在一九四三年二月一日刊發了這篇文章，更名《豫災實錄》。多年後，張高峰曾說不滿意標題的改動，認為原標題觀點明確，讀者一看便知河南人民沒有飯吃了，而新標題純客觀、平淡無力。[10]

這篇報導中，張高峰以充滿悲憤的筆調寫道：「旱災的河南，吃樹皮的人們，直到今天還忙著納糧！」他指出，中央早就決定對河南從減徵購，省政府也在唱賑災高調，「可惜這莊嚴的命令沒收到半點效果」，河南人民在死亡面前仍然承受著嚴苛徵購。在文章最後，張高峰寫道：「嚴冬到了，雪花飄落，災民無柴無米，無衣無食，凍綏交迫，那薄命的雪花，正象徵著他們的命運，救災刻不容緩了。」[11]

在最早那篇關於河南大饑荒的轟動性報導中，白修德把饑荒歸因為日本人挑起的戰爭和天災因素。他認為，國民政府似乎正在努力解決這場饑荒，但是效率緩慢，「不管重慶的決策多麼迅速，所有的救濟措施都因古老中國鄉下的遲緩效率而備受阻礙。」「憔悴饑餓的農民並不知道政府救災的困難。對於他們，按照民間傳說，這僅僅是因為人做錯了事兒招致天怒而降臨的懲罰。」[12]相比之下，張高峰的《豫災實錄》比白修德的《十萬火急大逃亡》的刊發時間晚了三個多月，但是張的觀察更深入，他把矛頭指向了國民黨軍隊不顧百姓死活的納糧徵稅，而這是饑荒爆發的最關鍵因素。

一九四三年二月二日，《大公報》發表了社長王芸生寫的社評「看重慶念中原！」，王芸生將張高峰描寫的災民納糧的場景，和杜甫詩歌中窮凶極惡的石壕吏相比較，並且轉發了一條來自河南魯山的中央社新聞：河南省民國三十一年的糧食徵購在災情嚴重下仍然進行順利，各地人民傾其所有貢獻國家。王芸生引用這條消息感嘆道，「這『傾其所有』四個字道出了血淚之苦」。

---

09 《1942：河南大饑荒》，第44頁。
10 《1942：河南大饑荒》，第55頁。
11 《1942：河南大饑荒》（增訂本），第79頁。
12 《1942：河南大饑荒》（增訂本），第43頁。

除了《大公報》，河南省南陽的一家民營小報《前鋒報》也從一九四三年的二月到四月間對河南大饑荒進行了報導，作者是化名「流螢」的李蕤，他騎著自行車深入災區，發回了十多篇現場報導。其內容更加豐富和多面，對災區和災民的慘狀、饑荒產生的破壞力、各方應對都進行了全景式的描摹。由於《前鋒報》人微言輕，報導並沒有產生《大公報》那樣大的影響力。

據說張高峰因為饑荒的報導惹怒了國民黨當局，在河南期間曾被當成危險分子招致兩次逮捕。張高峰的河南大災通訊與王芸生寫的社評發表之後，蔣介石下令《大公報》停刊三天（從二月三日到五日），轟動了大後方。

此次《大公報》的停刊事件再次引起白修德注意，他意識到真正的災情可能超過了想像，於是萌生了去河南探尋饑荒真相的想法。二月末，他跟另一位時任《泰晤士報》的攝影記者哈里森．福爾曼（Harrison Forman）一起，申請到河南災區採訪。此刻，經過一個隆冬的摧殘，饑荒引發的災難性結局正像野火一樣迅速蔓延。

二十八歲的白修德和二十五歲的張高峰，以及三十二歲的李蕤，他們的命運在一九四三年發生了交集，那也是中國風雲際會的轉捩點。三個人都是在記者生涯的初期做出了出色報導。記者的使命是報導真相，職責賦予他們同樣的勇氣。他們的命運卻發展出不同軌跡。張高峰和李蕤如流星劃過夜空照亮了饑饉的河南大地，但是此後再沒有寫出更令人印象深刻的報導，只是成為了一段悲劇性歷史的見證者。白修德的記者生涯更長久，自由競爭的出版環境為白修德這樣的研究型記者創造了土壤，他最終成長為著名記者和作家。

中國記者的過早退場令人遺憾。我不無憂傷地想到，自己最早進入記者這行的時候，同樣沒有意識到記者生涯會以今天這種方式謝幕。約瑟夫・普利茲（Joseph Pulitzer）著名的表述「記者是時代船頭的瞭望者」曾令我熱血沸騰一往無前，雖頭破血流卻樂此不疲。記者的職業特性吸引了一批具有使命感的信徒投身其中，我也是這信徒之一。職業生涯所見，只有那些執迷於此道的人，才會享受記者獨立耕耘帶來的快樂與寂寞。

我的第一份記者工作始於一家山東省直機關報社，剛畢業參加工作的我為能找到一份文字工作而興奮。然而失望接踵而至，編輯室的氣氛死氣沉沉，缺乏創新。報紙刊登的新聞大多數是官樣文章和通訊員撰寫的通稿，編輯不必核實，只負責改寫稿件錯別字和組版，對真正的新聞不感興趣。不久我明白，這些所謂的報紙脫胎於政府行政部門，功效主要是宣傳工具，並不具備公共新聞屬性，也不負責報導真正的新聞。

九〇年代中期，中國迎來市場經濟改革，很多機關報紙都被要求「斷奶」及自謀生路，此時《南方周末》等幾家南方報紙走得更遠，大量進行批評和調查報導，在文本上追求更具感染力的寫作，以西方媒體為範式的特稿寫作風靡一時。我大受啟發，從開始做文化娛樂報導，轉而關注社會陰暗面和弱勢群體，同時不斷磨練寫作技巧。機關報紙正在緩慢進行改革，內容仍然受到很大制約。我所追求的這類報導注定和機關報紙的風格不相協調。

離開保守的家鄉來到北京繼續從事記者工作，於我是個正確選擇。北京集合了中國最多的追逐自由的一類人，很容易讓人產生無所不能的錯覺。一開始我被一家全國性報紙聘用，那家報紙的管理人員具有自由知識分子傾向，總編輯是新華社老記者出身，對待爭議性報導比較寬容，也鼓勵做輿論監督報導。我這種風格的報導比較受到編輯部的歡迎，開始更多地涉足爭議性話題報導，產生了一些影響力。此後我所經歷的數家報社，政治和效益成為了每天都無法躲避的兩個話題。

在市場化初期，為了吸引市場注意，爭議性報導得到了主管部門的默許。在某種程度上，報紙的生存和記者的職業本能找到了一個最大公約數，目的都是贏得讀者和市場，造就了九〇年代報紙市場化改革初期的繁榮。

很多批評報導都是在這種默契之下成長和壯大。然而蜜月充滿不確定因素。當報導產生了反響，同時也產生了破壞力，打破了四平八穩的體制內關係，觸動了不該觸動的利益，這時批評性報導就顯露出了缺乏根基的窘境。我的報導沒有為報社帶來預想的利益，甚至被告上法庭，被地方保護主義判令敗訴，報社就會感覺到支援批評性報導所付出的代價過大，頓時覺得買賣不划算了。

我現在才意識到，我在北京工作的十幾年見證了報紙市場化的尾聲階段。在盈利壓力下，很多報紙為了生存而把記者的報導當成換取市場利益的敲門磚。對市場和金錢的追逐損傷了新聞的公信力——這有點飲鴆止渴。我就曾經歷過自己辛辛苦苦採寫的批評性報導被報社領導用作籌碼，換取被批評方投放廣告。在這種風氣薰染下，不少記者鋌而走險，用輿論監督的幌子敲詐，也許他們認為既然無法寫出想寫的報導，何妨借助尋租獲取利益最大化。中國記者的名聲很長一段時間裡都不怎麼好，多半就是這種半官方半市場的畸形體制釀成，形成了一個惡性循環。

另一個原因是，面對互聯網和移動新媒體崛起，傳統報業迅速接近了衰亡，報紙需要印刷的特性，使得時效性遠遠落後於網路新聞和移動新聞的傳播速度。傳統新聞手工作坊式的操作模式和評價體系，被更快捷、也更粗陋的電腦演算法取代。

體制和技術聯合樹立了一座高牆。我仍然在寫，卻不得不面對一個晦暗的前景，看到那些口水式的新媒體文章和缺乏嚴謹考據的報導充斥手機端，心有不甘卻也無可奈何。

報紙市場化從九〇年代末貫穿到二十一世紀的頭幾年，經歷了差不多十年的跌宕起伏，之後逐漸退潮。此後，女兒出生，我們決定移居到英國。我結束了在北京十幾年的記者生涯，很多昔日的同行也陸續退出了這個充滿挑戰的領域，再見時江湖已經換了天日。

被遺忘的潼關

清晨，青島始發的一列老式綠皮火車停靠在陝西省的潼關站。

我在臥鋪上被列車員叫醒，感到渾身僵硬。我很久沒坐這種綠皮車了，上一次坐這種慢車臥鋪的時候，還有過不幸被跳蚤咬中的悲慘插曲。

車門打開，隨著稀稀拉拉的幾個乘客，我拎著背包下車。目之所及，月台建在一個下沉的狹窄山溝裡，兩邊是陡峭的防護堤。鐵軌上方橫亙著一座天橋，出站口位於天橋另一端。站在髒兮兮的天橋上面，我想起了白修德所描述的景象。

一九四三年二月底的一天，白修德到達位於陝西和河南交界的潼關的時候，正是黎明前夕。潼關是災民逃離河南災區的關隘。白修德將從潼關進入河南災荒現場。他站在鐵路線的殘肢上向河南方向看去，但見在寒冷的華北早晨來臨前，幾十家簡陋的飯鋪已經開始營業，油炸食物冒著香氣，綠色炭火在風箱中燃燒。煙火掩蓋不住死亡氣息，火車站被瀰漫的屎尿味和屍臭所充斥。密密麻麻衣不蔽體的逃難農民雲集在周圍數英里的地方。

那年中國山河破碎，河南三面環敵，全省半數之地被日軍侵占。這些從河南跋涉而來的災民，一路上想方設法躲避日本人炮彈襲擊，聚集在這裡等待救濟。白修德得知，這些難民也許已經走了二、三個月，或者扒火車才到達這裡。再過去五十里，就是日本人炮火的控制範圍，雖然那裡路軌更好，但是火車卻不敢通行了。

次日清晨，服務周到的國民黨地方官員已經為到訪的美國記者準備好了一個靠搖把驅動的巡道車。白修德裹著一件軍大衣，迎著冷風坐在四面敞開的巡道車上，一天行駛了三十英里，感覺像坐在劇院的包廂裡，而他檢閱的卻是一場大災荒。13

我漫步於潼關古城，時值午間，空氣中飄蕩著本地特色美食肉夾饃和紅湯拉麵的香氣。潼關曾是赫赫有名的軍事要衝，歷史上發生過兩次對改朝換代具有決

13 《中國抗戰秘聞——白修德回憶錄》，第131頁。

定意義的戰役。隨著和平時代的來臨，這座要衝的故事及背後的警示意義已經淡出記憶。

一六六四年十二月二十九日，李自成領導的造反軍隊，在潼關和清軍展開了一場激戰。大順軍的頭號將領劉宗敏首先出戰，失利；第二年正月初四，劉芳亮出戰，再敗；後來李自成親自出戰，而清軍將領多鐸也率領大軍反撲，雙方損傷慘重，大順軍依然落在了下風。總之，一六六五年這個春節讓李自成十分鬱悶，已經被清軍逼到了家門口，背靠潼關依然無法扭轉頹勢。

潼關之戰是李自成命運的重要轉捩點。此後迎接他的是一敗塗地。在這樣一個生死存亡的時刻，在輾轉難眠的暗夜，想必李自成的頭腦中一定會閃回自己過山車般的戲劇性人生。

李自成出生在陝西米脂一帶，起初是一個驛站的驛卒，後來政府削減大批驛卒時，李自成因為工作失誤，遺失過書信而被開除。此人大概性格暴戾，從流傳的資料看，曾殺過債主，也殺過出軌的妻子，用現在的觀點分析，具有典型的反社會人格。從體制出局，淪為了赤條條來去無牽掛的流民狀態，面對突如其來的生存危機，李自成不甘接受命運安排，加入了抗議失業者的隊伍，跟隨驛卒起事造了反。李自成在眾多的起事隊伍中具有較高的戰略眼光，因此被推舉為領袖。在李自成的年代，他所推崇的均貧富思想，對於底層人民具有相當的誘惑力和煽動力。出於意識形態的立場，李自成被奉為無產者和勞動人民的代言人，賦予了領導階級鬥爭的合法性。但是考察他的人生軌跡不難發現，他的「農民性」恰是悲劇性命運的根源。

被李自成造反滅掉的明代，也是由兵變起事的朱元璋建立。這樣的例子很多。一部中國歷史，寫滿了造反，寫滿了勝者為王敗者為寇。王，本身就出自寇、出自退無可退的流民階層。如果被制度邊緣化，不滿的流民群體就會成為摧毀制度的主要力量。

白修德也發現了這一點。「中國內部產生了一種緊急狀態，要平靜下來，只有變——可能的話是和平的變，沒有其他路走，就只有暴力的變。」[14]對於暴力

14《中國的驚雷》，第36頁。

戰爭，教科書上往往以意識形態的觀點將其簡化為正義與非正義的衝突。實際上，這些暴力運動除了改變了歷史進程，更多時候還塑造了我們的思維及行為方式。

李自成最後的高光時刻，應該是一六四四年四月二十九日。這一天，李自成的登基大典在紫禁城武英殿舉行。此前，李自成兵臨北京城下，大明王朝經營二百七十六年之後迎來了末日，崇禎皇帝在煤山上吊自殺，闖王的大順旗取代了大明旗，在北京高高飄揚。

從隊伍進入北京城搜繳民財那一天起，李自成的滅亡就已經注定了。民間曾經傳誦歌謠：「迎闖王，盼闖王，闖王來了不納糧。」然而，人民不久就失望了。之前的「秋毫不犯」、「敢有傷人及掠人財物婦女者殺無赦！」、「敢有擄掠民財者，凌遲處死」，都成了口頭支票。大順軍隊攻入首都，立刻被眼前的花花世界所吸引，丟掉了僅有的責任感，更別提什麼改朝換代的雄心壯志，而是盡情揮霍著人性醜惡。上自闖王李自成，下到大順國的各級官員，無視曾經的莊嚴承諾，帶頭搶奪良家婦女姦淫，將暴民和流民底色展露無遺。大順國的高級將領們按照職位大小，分別霸占大明高官們的居所，殺了主人，強占了別人妻女，叫來唱戲的姑娘或者略有姿色的童子，荒淫度日，「高踞幾上，環而歌舞」，[15]士兵們也上行下效。

連年戰爭以及瘟疫、自然災害，到處白骨蔽野、供給困難，李自成頒布《掠金令》籌餉，規定助餉額數為「九卿五萬，中丞三萬，監司萬兩，州縣長吏半之」。追餉常常佐以刑罰，酷刑比比見於記載。李自成於三月十九日進北京後，為繼續其「助餉」政策，設立「比餉鎮撫司」，規定助餉額為「中堂十萬，部院京堂錦衣七萬或五萬三萬，道科吏部五萬三萬，翰林三萬二萬一萬，部屬而下則各以千計」。[16]向勳戚官紳追餉的同時，對富商居民也極刑追逼，酷刑之下死者千餘人。掠銀逾七千萬兩。[17]李自成的部隊都是下層人民和窮苦農民出身，在奪取了政權以後，開始腐化墮落，成也因其寇，敗也因其寇，終為人民拋棄。

進了北京以後，李自成的命運一直在走下坡路。僅僅做了四十幾天的皇

15《平寇志》，卷9。
16《甲申核真略》。
17《懷陵流寇始終錄》，卷18。

帝，李自成就被驅趕出了北京，一路西逃。李自成收拾殘軍，退回老家西安。一六四四年年底，清軍大將多爾袞兵分兩路進攻李自成，北路從山西北部和內蒙古進攻陝西北部，南路經河南進攻潼關直搗西安。為了保護西安這個大後方，李自成親自率領大順軍主力在潼關奮力阻擊。最終卻不得不面對失敗的命運。

李自成兵敗潼關之後又過了三百年，國民黨和共產黨軍隊的一場關鍵戰役也在潼關展開。

抗戰勝利的短暫平靜後，中國內戰全面爆發，這是國民黨在大陸統治的最後幾年。共產黨解放軍部隊勢如破竹。在勝利的前夜，毛澤東從李闖王大起大落的命運中讀懂了某種歷史玄機。他特別推崇郭沫若的《甲申三百年祭》，認為總結出了階級社會的一般規律。毛澤東認為，李自成在推翻了大明王朝之後，驕傲導致了兵敗。共產黨軍隊進城的時候，毛澤東曾經多次告誡中共高級幹部，不要做李闖王。毛澤東評價：「當時陝北大饑，自成乘機而起，至山西、張家口、南口、土木堡等處，後至北京，卒為清兵所敗……後被三桂引清兵入關，迫至無路可走。這可見李自成是代表農民利益的。不過他們的舉動，多為暴動，是其失敗之主要原因也。」18

毛澤東的話總結出了中國歷史的一個詭譎之處。暴力革命具有很大的隨機性和破壞性，成王敗寇的邏輯十分明顯。這樣的歷史觀造就了一種信奉強者的文化，無法克制「勝者為王」的誘惑和衝動，「槍桿子裡面出政權」，注重結果而輕視過程，缺乏穩定的文明傳承。使得歷史很難避免李自成式的破壞性悲劇，在完成了以暴力為手段的革命之後，這套以正義之名而行的鼓動就完成了其使命，一個古老的輪迴又開始了。

——

一路上，當我乘坐的綠皮火車行進到遠離城市視野的地段，車窗外經常會看

18《廣州農民運動講習所文獻資料》，中共廣東省委黨史研究委員會辦公室、毛澤東同志主辦農民運動講習所舊址紀念館編，1983年，第100、103—104頁。

到破敗的建築和工廠遺跡，彷彿還保留著幾十年不變的風格布局。有意思的是，那些地方還有生活的痕跡，令人好奇留在原地的人們是如何跟當下生活融合在一體的？當車站靠站，在停留的每一個地方，又重新出現了氣派敞亮的車站、速食、公廁，手機信號也恢復了滿格。頓時又發現，大家都在享受著差不多的摩登生活。

這些年，中國的主要城市之間，氣派的高鐵取代了從前的慢車、普快和特快，也使得我們產生了一些錯覺，似乎中國已經一步跨入了一個快捷便利的現代社會網路。實際上，在版圖上更大的區域，中國人的步伐仍舊不疾不徐，甚至無從改變。

這提醒我們，大片的中間地帶也許更接近真實。很多時候，我們忽視了連接那些氣派車站的廣袤地帶。中國的實用主義發展極端注重要達成的目標。對於一個急於改變命運的偉大國度，任何慢車都是不可接受的。至於以什麼樣的方式抵達，卻並不在意。而為我們忽略的這個過程，卻是實現現代化轉型的必由之路。

一九四二年造成百萬人死亡的河南大饑荒，同樣觸動了中國作家劉震雲的靈感，他完成了一部不太像是小說而更像是讀書筆記的作品《溫故一九四二》。二〇一一年，這部小說被成功的商業片導演馮小剛拍成電影《一九四二》（*Back to 1942*）時，調性和結構發生了變化。電影塑造了一群河南饑民的群像，他們裹挾在戰爭、腐敗的政局之下，陷入了無法掌控的悲慘命運。

《一九四二》以蔣介石在這年元旦的新年賀詞中展開。前一年中國向日本宣戰，戰事持續到了年底，日本人占領了半個河南。在這個大背景下，人們忽略了河南延津的一個小村落——劉震雲的故鄉——正在爆發的危機，這裡正是河南肆虐的饑荒的一個縮影。一九四二年初的冬天，掙扎在死亡線上的延津饑民開始衝擊尚有存糧的大戶。電影對饑荒引發的暴力和死亡進行了渲染。鏡頭轉至重慶，身著燕尾服的美國記者白修德，出現在一個裝腔作勢的國民黨晚宴上。

在白修德眼中，中國戰時首都重慶呈現出一幅奇幻景象。在他筆下，重慶是一個農村性的都市，「它的聲音和氣息，像一個巨大的封建時代的鄉村。」[19]由於地勢阻擋，日本陸軍無法進入四川盆地，於是改變戰略，從一九三八年二月

19《中國的驚雷》，白修德、賈安娜著，端納譯，新華出版社，1988年版，第4頁。

十八日起，對重慶展開為期近六年的「無差別轟炸」，史稱「重慶大轟炸」。美國空軍飛虎隊將軍陳納德這樣記敘日軍轟炸對重慶的破壞：「二十七架日本轟炸機組成的編隊，像加拿大天鵝在春季從路易斯安那州飛向北方一樣擺著漂亮的V形陣勢，逐漸接近。……數百枚銀光閃閃的燃燒彈傾斜在這個城市裡，輸電線被炸斷，自來水幹線也被炸毀。街面上遍地積水。在沒有燈光的夜，只有火光，沒有水救火，肆虐的大火燃燒了三天三夜。」[20]至一九四三年八月二十三日轟炸戰略停止，重慶市損失慘重，二萬三千六百人死亡，三萬七千八百萬人受傷，大半重慶市區化為廢墟。按照日本人的判斷，中國已經失去了首都南京和沿海地區，應該求和了。但是出人意料的是，中國政府並未再做任何退讓和妥協。

在這生死存亡的時刻，民族主義激情再度被激發和調動起來，繼續捍衛著想像中的朽敗政權。國家作為一個抽象的概念在最危急的關頭再一次戰勝了人民這個具體的概念。那個盛大的晚宴宣示著政權的體面，彷彿跟河南人民正在經受的苦難毫不相干似的。國民政府的高級官員向白修德當面否認了河南正在爆發饑荒的消息，把這歸咎為日本淪陷區發生的事情。

另一方面，影片揭示了災荒的真實原因：在農民遭受饑荒的同時，處在河南前線的國民黨隊伍以抵抗日本人為名，繼續籌措軍糧。三千萬石軍糧的籌措任務壓在河南饑民已經無力呼吸的脖子上。借助國民黨將軍蔣鼎文的話說：「若是一個災民死了，這地方還是中國的；當兵的餓死了，我們就會亡國。」這理由看起來無懈可擊，也揭示了無情的「真諦」——「家國」概念是中國歷史和社會運行的基礎，個體要服從這個概念，做出某種犧牲。中國社會的基礎是秩序和服從，對集體、對系統的服從。這個系統中，效率是最先考慮的，而非個體。政府正在代表人民為一場正義戰爭而戰，因而一切犧牲都是必要的。

像《一九四二》這樣具有歷史批判意義的電影在中國電影作品中很少見。和被人遺忘的中國記者張高峰一樣，電影成為那場人類悲劇為數不多的沉重記錄。遺憾的是，電影票房並不成功，至少比馮小剛廣受歡迎的賀歲片差太多。在消費主義和娛樂化的年代，歷史反思有沒有市場，我很是懷疑。

20　《中國歷史碎片，1840—1949》，安子著，北方文藝出版社，2014年版，第180頁。

《一九四二》虛構了白修德獨自一個人騎毛驢去調查饑荒的情節。真實情況是，一九四三年二月底，白修德和福爾曼兩人在國民黨官員的「陪同」下，獲准沿著隴海鐵路，經寶雞、過西安到達潼關附近的一處豁口。這個豁口是黃河和鐵路交匯的樞紐，也是去往河南災區的最主要的通道。白修德調查行走的路線，基本沿著國統區和敵占區的分隔線，從河南省西部行進至中部，然後往南部畫了一道曲線，就像對中國腹地做了一個開膛似的解剖。

白修德眺望東方，河南盡在眼底。這片面積相當於美國密蘇里州的土地上，當時居住著三千二百萬農民，種植著小麥、玉米、穀子、大豆和棉花。河南既不像山區的山西那樣落後，也比不上西方化的省分如沿海的江蘇那麼富裕。它是一塊土質優良的大平原，頗類似美國愛荷華州一望無垠的土地，但是它的土質卻不是衣愛荷華大草原上的那種黑色沃土，而是覆蓋著清一色的黃沙。有了雨水滋潤，年景還是好的，如果不下雨，則顆粒無收，農民就要餓死。[21]

他在重慶時就聽說：一九四二年全年沒有下雨，進入一九四三年，災情仍然沒有緩解的跡象，而是繼續蔓延，「豫西遭雹災、黑霜災，豫南、豫中有風災，豫東有的地方遭蝗災。入夏以來，全省三月不雨」。[22]而根據記載，災荒蔓延到了整個一九四三年，河南先後經受了旱災、水災、蝗災，加上戰亂影響，人民流離失所。據王天獎等人的《河南近代大事記（1940-1949年）》估計，在河南三千萬的受災人口中，大約一百萬至三百萬死於饑餓和饑荒引起的疾病，另有約三百萬逃離河南。

白修德開始並沒有意識到人禍是比天災更致命的威脅，他起初的判斷不乏詩意：「饑荒和水災是中國的憂愁之源」。[23]事實上，這種描述只是一種表像。他隱隱感到了不安：造成這場災難的真正原因是什麼？

21《中國抗戰秘聞——白修德回憶錄》，第129頁。
22《1942：河南大饑荒》（增訂本），第77頁。
23《中國的驚雷》，第185頁。

洛陽的救贖

晚間，我到達洛陽。霓虹燈映紅了城市夜空，空氣中滿是塵土的嗆人味道。這個歷史上的十三朝古都，經受過戰爭、革命和城鎮化浪潮的洗禮，跟其他的中國城市變得沒什麼差別。

曾經，古代洛陽的城市規畫影響了日本京都。我在京都旅行時產生了親近感，感受到唐代的精神遺存。今天，舊時洛陽的印記埋於地表之下，地表之上高樓林立，汽車轟鳴，人頭攢動。一切都被時代覆蓋和翻新。讓人幾乎忘記，腳下的土地曾經擁有過富有韻味的市井生活。

我們的步履太過匆匆，告別貧窮和匱乏，急於擁抱全新的物質生活。我們還沒有壯大，根系就被拔起，繁華掩蓋了文明的斷層。代價將是什麼？

當白修德到達當時河南的省會洛陽，夜幕中一列火車駛入視野，人們像垛劈柴一樣塞進悶罐車，到處瀰漫著尿臭和屍臭。在這裡，他將發現人性在自然、氣候，以及官僚系統和傳統的多重壓力下，如何變得原始，回歸野蠻獸性。

天亮時，白修德經過荒蕪蕭索的街道去洛陽的天主教堂。教會是災區唯一和理性世界聯繫的紐帶。他意識到，單憑一己之力無法進行有效的調查，於是決定依靠在當地擁有耳目和信眾基礎的教會。來自愛荷華州埃爾多拉多（Eldorado）的湯瑪斯．梅根（Thomas Megan）主教擔任了白修德的嚮導。電影《一九四二》中，白修德敲開了位於山上的一個小教堂，露出了提姆．羅賓斯扮演的傳教士梅根的臉。

影片宣傳中稱梅根是個虛構人物，實際上，梅根神父確有其人。河北的天主教研究者甘保祿（Paul Midden）告訴我，他在美國讀書時發現，此前梅根神父的名字，按照舊譯一直寫作「米干」，所以，「梅根」這個名字並沒有留下太多的記錄。一九四九年新中國成立後，神職人員都被遣返回各自國家，後續線索中斷。

甘保祿在美國神父萬德華（Edward J. Wojniak）的著作《原子彈使徒》（*Atomic

Apostle）一書中，發現「米干」的身影，「米干」已經被稱為「梅根」。萬德華一九五七年寫的這本書是梅根最為詳實和權威的傳記。

一八九九年四月十二日，梅根出生在美國愛荷華州的埃爾多拉多，一九二六年五月成為神父，隨後被派往中國河南南部的信陽一帶傳教。梅根熟練掌握了漢語，在他親自參與、推動下修建了一批中國風格的教堂，以及部分以國畫形式表達的教會要理。

根據白修德回憶，梅根神父敦實、樂觀、強健，是一個忠實的天主教徒。饑荒來臨，梅根要求所有的傳教士們都在各自傳教站點為難民們開設救濟中心。光是在新鄉，他就開設了兩個可以容納兩千多人的救濟中心。當時在河南有多個不同教會的傳教士在活動，雖然彼此教義都是行善，但是為傳播福音具有競爭關係。饑荒面前，過去的競爭對手攜起手來。美國人加入歐洲人的行列，天主教和新教攜手。這種超越了門派之爭的合作，建立在一個共有的社會心理基礎上，將鬆散的自由個體連接在一起。在中國社會，比起宗教作為社會的紐帶作用，宗族、家族結構更常見、更有作用。本土宗教雖然具有群眾基礎，但在民間趨於功利主義，不具備整合社會的能力。

梅根是愛爾蘭裔美國天主教徒。另外兩個義大利天主教會的傳教士——弗拉特里內神父和丹尼里博士，則是梅根在鄭州的連絡人。當時美國人正在歐洲戰場和義大利人廝殺，現在，兩個敵對國家的傳教士卻成了合作夥伴。在鄭州，美國原教旨派的阿什福斯先生也參加了他們的工作。《原子彈使徒》寫道：「保護難民成了主教一天二十四小時的工作。但正因如此，強姦或搶劫的事件在傳教站內一次也沒有發生過。」梅根也在新鄉人民心目中成了見義勇為的英雄。

影片《一九四二》中，梅根神父借給白修德一匹驢，白修德獨自前進災區。事實是，白修德認為應該去看看瀕死的人，去豐富他的寫作。在二、三月的料峭寒風中，白修德和梅根一起騎馬進入重災區，去巡視死亡地帶。

此後白修德目睹的慘狀，摧毀了他的意志。讀他當年的記錄，可以感受到末日般的氣息。出了洛陽不到一小時，白修德就遇見了第一具死屍。那是一個年輕的女子，無人收葬，讓大雪覆蓋住了眼睛。隨行的攝影記者拍下了野狗從沙堆裡扒出屍體啃食的照片。他們在路上看到有人在用刀子、鐮刀和菜刀剝樹皮，把榆樹皮磨成麵來吃果腹。「愛樹軍閥」吳佩孚當年種下的榆樹全被剝光了樹皮。白修德在洛陽天主教堂的醫生那裡看過一份消化道梗阻病人的病例，病人吃了大量的無法被身體消化吸收的東西，嘔吐不止，又不能動手術。白修德被告知，棉籽餅在所有不適合吃的東西中算是最有營養的，但卻會引發腸道梗阻和腸功能綜合症。白修德拜訪了湯恩伯將軍在洛陽辦的孤兒院。孤兒院裡散發的汙穢氣味讓他難以忍受。四個孩子塞進一張嬰兒床，「一旦死去就會馬上被清除掉」。[24]

騎馬穿行饑餓的村莊在當時也成了一件危險的事情。當白修德和梅根神父策馬穿過橫躺在土路上的乞丐群時，很擔心一旦停下來就會被饑民掠奪，甚至殺死他們的馬。於是白修德不得不狠心，快馬加鞭穿過人群，甚至揮起皮鞭抽打那些饑民伸過來的手，有時就像是戲耍這些饑民一樣，扔一把花生，或者向空中撒一點錢，引誘他們去爭搶，讓出通道，他們才得以快速離去。[25]

在親身經歷了上述死亡慘景之後，白修德心理崩潰了。在一個荒蕪村莊的廢棄教堂裡，白修德承受著人間悲劇的巨大壓力，跪下來為眾生祈禱——作為信奉猶太教的猶太人，此時白修德以一種戲劇化的方式，用拉丁文開始祈禱，並不覺得褻瀆了自己的信仰。[26]

白修德記錄下的這些細節，呈現出強烈的宗教救贖色彩，超越了一般的新聞報導的範疇，尤其令我著迷。在中國新聞史上似乎缺乏記錄宗教和社會關係的傳統。一路上，白修德和梅根成了精神夥伴。兩人經常一起高唱聖歌。為了振作白修德飽受打擊的精神，策馬走在前頭的梅根教白修德為死者唱安魂曲。如果白修德學得還算正確，梅根就教他唱下一句。他們之間的唱和，就像是對生命本質的追問，在空靈大地迴響，就像是對人類可見的一切苦難的深切悼念。這是饒有意味的畫面。或者，白修德相信，在死亡面前，唯有信仰能解救心靈於虛無。

電影《一九四二》裡面，虛構了梅根神父的中國弟子小安的形象。小安在大災之年四處傳道，虔誠希望主能救災民於水火，當日本人的轟炸機將逃難災民當成中國軍隊轟炸射殺，小安看清了現實，精神陷入了錯亂。他承受著無法排遣的

24 《中國抗戰秘聞——白修德回憶錄》，第135頁。
25 《探索歷史：白修德筆下的中國抗日戰爭》，第113頁。
26 《中國抗戰秘聞——白修德回憶錄》，第134頁。

痛苦，向梅根神父質問道：「上帝知道這裡發生的事嗎？上帝知道了為什麼不管？既然魔鬼老是戰勝上帝，那信他還有什麼用？」

這個細節深究下去很有意思。小安對宗教的期待流露出某種中國特色的實用主義判斷。據說，電影原來的版本中，小安最後瘋了，最終沒能找到困擾他的答案。在殘酷的生存問題上，上帝自然無力救贖肉體。這種實用主義和作為精神信仰的宗教本質上是有區別的。宗教的價值僅僅是為了幫助我們緩解面對死亡的恐懼嗎？小安的質問到白修德的懺悔，是從紛擾的外部世界轉向內心平靜世界的必由之路。

——

我租了一輛單車，從新城區一路騎向老城區，去尋訪白修德記錄中曾經造訪的那間天主教堂。新城區就像所有其他的中國新興城區一樣，充斥了大而無當的現代化商廈、寬闊而嘈雜的街道；而老城區則保留了上世紀八〇年代的建築格局，陳舊局促——舊城改造成本過於高昂，很難做出政績，於是很多城市管理者寧願另闢蹊徑建造一座新城區，彼此倒也相安無事。這構成了中國城市發展的一道普遍景觀。

洛陽老火車站附近一個僻靜胡同裡，教堂原址已經改建成了社區幼稚園，又在對面新建了一個氣派的新教堂，紅白相間的外飾、尖聳的塔樓，塔尖上還掛著耶誕節彩旗，而這個時候已是夏季。我到的時候正值中午，陽光把地面曬得很燙。院子裡堆滿建築材料和混凝土。有一個小建築隊正在施工。兩個瘦削的年輕人，其中一個赤著上身，跟包工頭商量某個建築細節。看大門的師傅走到我身邊，指著那個赤膊男人說，那就是神父。

我走上前向神父問好。操著山西口音的神父尷尬地笑了笑，迅速跑回屋穿了件背心。他正忙著監工修造一間新宿舍。他指著教堂對面告訴我，幼稚園的位置，就是原來的天主教堂，「過去面積很大，還包括教會辦的學校和孤兒院。後來新中國成立，那兩個義大利神父都被趕走了。」

神父接了一個電話，臨時要外出，交代另一位神父跟我聊聊。這人穿著藍白相間的襯衣，戴了一副時髦的紅框眼鏡，對我十分警惕，謹慎訥言。他告訴我，他倆都來自山西。我指著門口「三自教會」的牌子問他：「你們都是三自教會的嗎？」他面呈不悅，說，「我們只信奉上帝。」

大概他對我突然產生了誤解，或者把我當成了什麼組織派來的耳目一類角色。他不願意再搭理我，一直警惕地觀察我的舉動。我走入寬敞安靜的主堂，觀賞被布置成地方風格的內飾，想像梅根時期的教義到今天還遺留了多少、又如何以本土化的形式繼續影響世人？神父一直不遠不近盯著我，在我走出教堂大門的一瞬，他突然在我身後關上了大門。

這座嶄新的教堂和外面雜亂的胡同，屬於兩個平行結構，互不干擾。很多時候，宗教的存在被限制在一扇大門之後。

秩序才是中國社會運行的本質。神的出現，注定會消解人間秩序，為世襲的權力所不允許。自上而下的社會系統不光壟斷了世俗權力，也不會讓渡精神世界的主宰權。中國的社會結構裡，缺乏宗教和社會組織這些中間力量制衡，權力直接作用於個體身上。宗教可能扮演的角色注定有限，無法形成強大的信仰共同體，對抗人性的不完美，以及稀釋來自系統的壓力。

我行走在繁華和破敗交織的洛陽街頭，身邊世界和梅根時代截然不同了。我們獲得了極大的物質滿足，期待著精神世界也突破混沌。

梅根在一九四八年由中國返回美國，他想再次回到河南完成未竟的傳教計畫，但是沒被教會批准，為此梅根傷心流淚，最後去了一個黑人堂口繼續服侍上帝，於一九五一年病逝。

政權更迭之後，絕大多數「洋鬼子」都在一九五三年前被驅逐出境，在河南的傳教士們更是首當其衝。他們建立的醫院、學校、教堂被沒收，在「文革」中遭到破壞。此後幾十年，傳教士甚至在整個中國大地上銷聲匿跡了。

那些有形建築和財產消失了，但是對生靈的讚歌猶在，文字記錄保證了記憶的存在。儘管文字也有可能被剷除，以至於今時今日的人們將前人的奉獻徹底遺忘。看到白修德的文字記錄，那些虔誠的身影和對豐饒精神的讚美，伴著鄉間孤獨的馬蹄聲再度鮮活如新。

出鄭州

在中國很多省會城市，都有一個令人望而生畏的火車站廣場——鄭州火車站廣場尤其龐大，它由大小不等的幾個方形廣場銜接構成，廣場之間的隔斷物是紅白相間的水泥隔離墩和不銹鋼護欄。每一個廣場的邊緣遍布飯館、賓館、寄存處、便利店。每一棟建築外牆上都有花裡胡哨的中文招牌，告訴你哪裡是「進站口」，哪裡是「購票處」，哪裡是「查詢處」，哪裡是「行李寄存」，以及「失物招領」，容不得半點差池。加上拉客的商販此起彼伏叫喊、高音喇叭音樂囂叫，煞是熱鬧。每次我來到這裡，都感覺身陷迷宮。

我記得有一回來鄭州出差住在廣場邊的一家酒店所遭遇的尷尬。晚上衣著清涼的按摩女郎在走廊上走來走去，挨個房間去敲門兜售脫衣舞表演。我的房間擠進來一個身著透明長裙的按摩女郎，接著又擠進來第二個，兩人以不容置疑的口吻要求為我聯合表演一場雙人脫衣舞。我擔心中了「仙人跳」，於是退出房間，乘電梯下樓，來到大堂，看到好幾個客人正在向值班經理投訴此事，顯然不是我一個人受到騷擾，尤其是一些帶孩子入住的客人十分惱怒。值班經理只是報以尷尬的笑容作為回覆。熟悉國情的人很快就會做出判斷，色情業之所以毫無顧忌，無非是酒店經營者的背後有保護傘，值班經理並沒有能力處理這些事情，有些人不用露面卻在暗處遙控著那些騷擾客人的清涼女士。也許那些保護傘才是幕後老闆，你對此無可奈何。

看起來在一個井井有序的廣場上，很多事情都像是無政府主義的，每個人都在為個人的利益相互廝殺，這是生機勃勃然而無序的市場經濟的一個縮影。

——

白修德到達鄭州時一場大雪從天而降，「我們早上醒來的時候，鄭州城是一個白色的荒塚，居民好像灰暗的遊魂。」[27]雪粉灑落在教會院子和躺在院子裡的饑民的身上，就像是為瀕死者舉行的某種告別儀式。鄭州是災難中心，戰前的鄭州城原有十二萬人口，等到白修德去時已經下降到只剩三萬多人口——每天都有大批的人死去。[28]

鄭州之行對於白修德是個覺醒。之前，他還把饑荒歸因於戰爭、環境等外部因素，在這趟旅程結束之後，他終於清楚：這是治理的失敗。白修德面對的是一個管理失效、也許從未真正管理過的社會體制。

導致大饑荒的整個因果鏈條上的任何一環都足以激起人們道義上的憤怒。日本人發動的侵略戰爭自然是首要的原因，如果不是這場無妄之災，蔣介石政府就不會通過扒開黃河大堤的極端方式來阻擋日軍進攻。黃河決堤之後，大水淹沒了河南、安徽、江蘇三省總計四十四縣的五萬多平方公里土地，令八十九萬百姓在水災中喪生。中原地區出現了一個面積龐大的黃泛區，成了阻擋日軍前進步伐的一道人工屏障。在阻擋了敵人的同時，也製造了苦難。黃河氾濫使得大批難民爭相逃往國民黨軍隊控制的國統區，無形中加重了糧食供給的壓力。並且，由於黃河改道，使得華北地區的生態發生改變，阻斷了原本暢通的糧食運送通道。同時，伴隨戰爭還出現了大旱天氣。一九四二這一年河南的土地幾乎顆粒無收。

最關鍵的是，「人也是不能難辭其咎的——中國政府是幹什麼的？不管他們為此是採取了行動或沒採取什麼行動，在如此無政府狀態下還要假充政府……」[29]白修德在旅行中不斷和遇到的地方官員交談，瞭解災情。最後他得出的唯一結論是：「中國『政府』是讓這些人民去死的，或者說是置之不理，要把人民餓死的。」[30]

中國的社會形態從來不缺少自上而下的控制，這種社會治理系統所形成的壓力和錯誤都將直接作用於底層人民身上，無法制衡、無可逃遁。

中國政府正在領導軍隊同日本侵略者作戰，雙方實力懸殊。為了把抵抗戰爭

27 《中國的驚雷》，第190頁。
28 《中國的驚雷》，第190頁。
29 《中國抗戰秘聞——白修德回憶錄》，第138頁。
30 《中國抗戰秘聞——白修德回憶錄》，第139頁。

延續下去，國民政府只得靠十分嚴酷的徵稅來維持，因為流通的貨幣質地不佳，中國軍隊只好以糧食和其他食物代替徵稅。追溯歷朝歷代的災情，每個時期的災民都面臨相近的境遇。在高壓徵稅之下，農民不得不變賣家產和牲口。同時政府還要倚靠徵稅養活龐大的政府官員系統，中飽私囊的軍官會虛報編制以吃空餉，將多餘的糧食出售牟利，而不顧底層人民疾苦。白修德發現，在國民黨政府以正義之名對底層中國農民的掠奪中，中國軍隊往往徵收比農民的土地產量還要多的糧食，這等於把手無寸鐵的人民推向了死亡。

一天晚上，在用來接待外國記者的軍隊司令部裡，白修德見到了幾個農村來的官吏，他們手拿一疊請願書，希望外國記者可以把災區的真相帶回重慶呈送給蔣介石，因為重慶掌握的情況和他們親身經歷的災情相差巨大。

按照農村官吏的計算，十五萬人口的縣城，有十一萬人根本沒糧食吃，而死亡正以每天七百人的速度發生。白修德於是開始注意到稅負和收成之間的關係。他詢問得知，一名官吏擁有二十畝土地，去年秋天每畝收了十五斤糧食，但是卻要繳納每畝十三斤的稅。[31]

白修德記錄下了戲劇性的一幕：站在一旁的國民黨司令官為了阻止農村官員說出實話，威脅白修德交出地方官員送給的請願書。經過短暫的爭執，白修德做出了妥協，交還了那份請願書。他後來解釋說，如果軍官把他扔到黑夜中的荒郊野外自己將無處可去，再說如果拒絕，司令官就會在外國人離開後把怒氣撒在這些地方小官紳士的頭上。[32]

他們離開鄭州之前，官員設宴招待。白修德保留了這份菜單：蓮子羹、辣子雞、栗子燉牛肉、炸春捲、熱饅頭、大米飯、豆腐煎魚等，還有兩道湯，三個餡兒餅，餅上灑滿了白糖。這是白修德平生吃到的「最漂亮和最不忍吃的一席菜」。[33]

經過一個縣接一個縣、一個村接一個村的調查，白修德做出的初步統計顯示，河南至少有四十個縣受災最為嚴重，最樂觀的估計，五百萬人已經或正在死去，

31 《中國的驚雷》，第196頁。
32 《中國抗戰秘聞——白修德回憶錄》，第140頁。
33 《中國的驚雷》，第197頁。

占到正常人口的20%。34

白修德的記錄勾畫了一個野蠻的墮落世界：重慶政府為河南賑災撥出了二十億元法幣，但運到災區被官員貪腐剝皮之後只剩下了八億。軍隊把剩餘的糧食賣給難民而大發橫財，基本上已經沒有什麼文明理念能在嚴酷的災區維繫人心，中國文化中所強調的憐憫、親情、禮儀、道德，蕩然無存。「父母出賣他們的兒女，一個九歲的男孩可換來四百法幣，四歲的男孩是二百法幣。身強體壯的男人逃離家鄉去當兵，因為那裡可以吃飽飯。……吃飯是唯一的理想，饑餓是至高的指令。食物成了流通貨幣，貪婪就像一根大棒。」35

這幅畫像的主角並非野獸，而是創造了世界上最偉大文明的民族。這令白修德相信，這場災難的另一個副產物或許就是：既然人們無法獲得秩序，就會隨便從破壞者那裡接受秩序。36

在混亂和絕望的死亡前，白修德也看到了人性的溫暖。當他和梅根神父在黃昏騎馬前行的時候，注意到兩個人躺在地上哭泣，是一個男人和一個女人，他們相擁在一起用自己的身體來溫暖對方，這讓白修德感到，仍然有愛在盡力抵抗寒冷的世界。[37]

白修德後來便在晚年回憶錄中寫道，因為目擊了太多死亡，心腸也變硬了。他對於災荒的感性認識越來越被理性分析所替代。「從那時起，我就儘量抑制感情，深入思考，想弄清究竟發生了什麼。」[38]

人還在河南災區，白修德就已經急不可待地向《時代》雜誌發回所見所聞。洛陽電報局是他在返回途中遇到的第一個電報局，他在這裡立刻把文章向外界發送了出去。

按照當時國民黨政府的新聞審查制度，任何新聞稿都必須從重慶回傳，並經過白修德曾經供職的部門審查，而他的那些老夥計注定會禁止發出。然而，這份

34 《中國抗戰秘聞——白修德回憶錄》，第140—141頁。
35 《中國抗戰秘聞——白修德回憶錄》，第143頁。
36 《中國抗戰秘聞——白修德回憶錄》，第143頁。
37 《探索歷史：白修德筆下的中國抗日戰爭》，第117頁。
38 《中國抗戰秘聞——白修德回憶錄》，第138頁。

電報卻鬼使神差通過從洛陽至成都的商業電信系統發到了紐約。據後人推測，或許當時的審查系統的某個環節出了臨時故障，也可能是洛陽電報局的當值電報員，在良心驅使下無視有關規定促成了這一切，結果新聞稿未經審查就直接發到了紐約。

《等待收成》刊登在一九四三年三月二十二日的《時代》雜誌上：

「我的筆記告訴我，我報導的內容都是親眼所見或親自證實：野狗在路邊啃著屍體，農民在夜色的遮掩下尋找死人肉，無邊無際的荒村野嶺，乞丐聚集在城門口，棄嬰在路邊啼哭死去。」

「最恐怖的是，你知道這樣的災荒本來可以避免。」

就像文章的標題那樣，河南的難民們正在饑饉中等待著新一年的收成，亦如一年前他們在春天大旱中的等待，然而他們等來的卻是絕望和死亡。

河南大災的消息傳遍了整個美國。宋美齡此時正在美國訪問，這個報導令她非常惱火，她要求白修德的上司開除他，但遭到拒絕。《時代》老闆魯斯說，白修德的報導為他增添了光彩。

結束了河南的調查採訪之後，白修德返回重慶。在後方所見讓他洩氣，因為並沒有多少人瞭解中國腹地發生的饑荒，似乎也不關心。部分原因當然要歸罪為緊張的戰事——當時河南被一分為二，北部和東部為日軍占領，西部和南部為國民黨政府軍隊控制。國民黨實施了嚴密的新聞封鎖，地方的官僚系統以時局緊張為藉口，有意識地掩蓋了饑荒真相，雖然有人在為大災呼籲吶喊，但是經過層層掩飾和傳遞，聲音變得愈發微弱，無人關注。

倒是白修德的報導在重慶引發了不小的風波。對其文章不滿的國民黨官員指控他逃避新聞檢查，還懷疑他暗通共產黨。白修德頂著壓力，決心讓真相持續發酵。他聯繫到了孫中山的遺孀宋慶齡，通過宋慶齡又聯繫上了其妹夫蔣介石。電影《一九四二》詳細展現了這個過程。宋慶齡建議白修德毫無顧忌地對蔣委員長如實報告。

電影中，陳道明飾演的蔣介石在氣派的辦公室接見了白修德，他身材挺拔儀容整潔，因為局勢緊張而面呈疲憊嚴肅之態，聽白修德坐在對面的沙發上講述時一直帶著不耐煩和被壓力困擾的神情。而白修德已經無法壓抑心中的怒氣，只是機械般大聲向眼前的中國最高統治者疾呼：河南人民正在死去。

蔣介石先生似乎有四兩撥千斤的太極功夫。他逐一駁斥了白修德的指控，說他已經下達了免除災區稅收的命令，總之不給白修德訴說的機會。他對白修德講述的災區人吃人的見聞嗤之以鼻，堅稱中國不可能發生這種人倫慘劇。直至看到攝影記者拍攝的災區照片上餓狗啃噬屍體的一幕，腿開始抖個不停。追問了照片拍攝的時間和地點之後，蔣換了一種漠然的神情向白修德道謝，誇獎白修德比他親自派出的所有調查人員都好。從被領進去到送出來，白修德大約總共待了二十多分鐘。[39]

關於蔣介石，白修德的回憶錄中著墨頗多。在他看來，蔣介石是冷酷無情的領導者，具有所有中國統治者的性格特徵。「正如他的權力的貪欲，他們無情的計謀，他的無比的頑固一樣，已經不只成為一種個人的特質——而是一種國家政治中的力量。」[40]

對於蔣介石領導的國民黨政府，白修德也做了精闢的描述：瞭解中國的最容易的方法，是首先要決定所謂政府只是國民黨的掩護體，國民黨的政治和派別才是決策的主要決定因素，而黨的後面，是人類最老的統治形式——個人專制主義。[41]

根據白修德晚年回憶錄《探索歷史》的描述，這趟河南災區的旅程結束之後，白修德的立場發生了改變，他從國民黨政府的同情者和支持者轉而成為一個對當局堅定的批評者。白修德對於蔣介石的態度也從開始的崇拜轉為懷疑和厭惡。他認為蔣介石對其人民毫無用處，並且，「只要共產主義理念能夠承諾他的政府施以任何仁政，那麼，就和我成長於其中的仁慈、自由理念毫不衝突」。[42]

在白修德和蔣介石的戲劇性會晤結束幾個月之後，人在重慶的白修德收到了

39 《中國抗戰秘聞——白修德回憶錄》，第146頁。
40 《中國的驚雷》，第131頁。
41 《中國的驚雷》，第109頁。
42 《1942：河南大饑荒》（增訂本），第37頁。

梅根神父發自河南災區的一封信。正如梅根神父所說，這是人為的悲劇，任何時候都沒有超出可控的程度：

「自從你走後並且發出了電報，糧食就從陝西沿著鐵路線緊急調運過來……省政府也忙碌起來了……他們真的在工作並且辦成了許多事。軍隊也拿出了他們的一部分多餘糧食，發揮了很大作用。整個國家都在忙著為災區募捐，錢從四面八方向河南湧來。」

「上述四點措施都是我親眼所見的，它更證實了我從前的觀點，災害完全是人為的，任何時候都沒有超出當局可以控制的程度，只要他們有願望和熱情去做這些事的話。……實在太好！……你將會永遠被河南所銘記，有人在以一種非常愉快的方式緬懷你，但也有人恨得牙癢癢的。他們當然都有各自的理由。」[43]

回過頭去看白修德在河南災區經歷過的人道悲劇，他為讀者提供了一個他者視角，不僅審視了這場災難的複雜成因和加害者，也從社會機制和文化角度提出了反思。

後來白修德和《時代》老闆魯斯在報導蔣介石的問題上發生爭執，白修德於一九四五年被召回美國，他和同事賈安娜（Annalee Jacoby）合作出版了《中國的驚雷》（*Thunder Out of China*），一九四六年和魯斯決裂而從《時代》辭職，魯斯指控他為「共產主義分子」。[44] 他在美國無法立足，在巴黎生活了六年，一九五四年回到美國受到麥卡錫主義的迫害，護照被取消，失業在家，用三年的時間放棄新聞而寫了一部小說《山路》（*The Mountain Road*）。這部以中國為題材的小說讓好萊塢相中，花八萬美元買走了版權，利用這筆錢，白修德以獨立記者的身分，深入採訪了當年的美國總統選舉，並完成了一部新聞史上的非虛構名

43 《1942：河南大饑荒》（增訂本），第69頁。

44 霍夫曼《新聞與幻想——白修德傳》，第103頁。

作《美國總統的產生》（*The Making of the President 1960*），日後獲得普立茲新聞獎。

河南大饑荒的報導是白修德的成名之作，為後人理解抗戰期間中國歷史的「轉捩點」提供了一個重要窗口。整個穿越中國腹地的旅行結束之後，白修德將注意到中國驚人的事實：中國的本質是一個農民之國。「平民給鎖在土地上，陷入一套社會的習俗之中，成為迷信和疾病的犧牲品，俯伏求取主人的憐憫。他在冬天發抖，荒年挨餓，並且常常在發育以前，由於日常生活的單純的辛勞而死去」。[45]

白修德也終將有機會明白，勞動還不過是中國農民肩上重擔的一部分，另一部分重擔和他的思想及迷信一樣——古老的社會制度，農民和土地的關係始終由控制土地的人來決定，這個問題是中國最大的問題。[46]

如此有力的文字今天讀來仍讓人激動。無數次在中國發生的悲劇都一再證實：中國的一切苦難都源於中國人民和土地的複雜關係。人民對土地的熱愛，對土地沒有控制權卻不得不依附於土地的、無力抵抗的宿命。

45 《中國的驚雷》，第21頁。
46 《中國的驚雷》，第30頁。

野史記錄者

中國古代一直有為前代修史的傳統，因為統治階級總是希望撰寫維護自我形象的文字。為避免造假和美化，獨立的知識分子會採取反抗姿態，或者保持沉默。如果要看清中國社會，也許要等到若干年以後。這多少是種尷尬：我們活在當下，卻無從瞭解身邊的真相。真實與否，完全有賴於記錄者的勇氣和良心。

西元前九九年，四十六歲的司馬遷因為替戰敗的李陵將軍辯護，惹怒了漢武帝，被投入監獄判處死刑。為了繼續完成雄心勃勃的修史計畫，司馬遷同意接受屈辱的宮刑換得免死。中國文人有著濃烈的入世情結，「為天地立心，為生民立命，為往聖繼絕學，為萬世開太平」。但是司馬遷無法擺脫權力壓迫的宿命。後來漢武帝大赦，司馬遷出獄的時候已經五十歲，帶著殘缺的身體，仍然專心致志寫書，直到西元前九一年完成《史記》，全書共一百三十篇，五十二萬餘言。司馬遷的筆下卻沒有寫一個男人遭受的屈辱，或者對加害者的歪曲，而是忠實記錄，展現了一個「記者」的博大胸懷。

——

在中國做一名調查員時常阻力重重，我向在幽暗中探險的前輩和同仁致敬。記錄傳統在中國民間一直沒有中斷。缺乏嚴謹考證的民間「野史」，也傳達出民間的獨立意志，照亮「正史」不會抵達的地帶，照亮記憶的灰色地帶，以抵抗人類社會的善忘。

安徽合肥。我尋找一個民間野史發掘者。牛犇引我來到離他家有兩條街距離的一家音樂咖啡廳。這是上午十點，包括我倆只有零星兩撥客人，服務員正在清理衛生。我們找靠窗的位子坐定。牛犇喝了一口咖啡，用沙啞的嗓音說：「一個『餓』字，寫了一本書。誰能想到？」

二〇一一年，牛犇的著作《大饑荒口述實錄》在香港出版。沒有白修德式的宏觀視角，牛犇以自己所在村子為調查對象，記錄了村莊在三年苦難時期經歷的種種悲劇，卻也具有強烈的悲憫色彩。

「你看我的外形，就是那種混混兒。」牛犇的眼睛裡閃現著靈動的光。在家鄉阜陽，他過去是名聲在外的叛逆青年。他不喜歡循規蹈矩，大學時代憤世嫉俗，因為考試不及格，從本科降到了專科，第一次體會到了現實殘酷。大學畢業，牛犇在地方報社和電視台工作，他一直追求文學夢。也許是對成長別有感悟，他對系統之於個體的壓力十分敏感，在他看來，「很多悲劇明明是社會造就的，但就是看不到誰應該為此負責。」

牛犇二〇一〇年回鄉過年，老家的兄弟說，六〇年老家死了這麼多人，沒人寫，你咋不寫呢？這話點醒了牛犇。牛莊當時叫牛寨大隊，村子四千多人，當時餓死了四分之一。他也只是聽長輩偶爾提及此事。等到下一次從合肥回到牛莊的時候，牛犇的手裡多了一支新買的錄音筆，他敲開還健在的村裡老人的屋門，一個一個做起了訪談。

親歷者的回憶讓生長於物質豐富年代的牛犇吃驚，每當捧著錄音筆一邊聽重播一邊整理記錄，他都感到驚心動魄。

他記錄了一場饑荒時代的婚禮，抬轎子的轎夫餓得沒力氣，掉隊了，等到大家發現少了一個人，掉頭去找，發現轎夫已經在大雪天凍餓而死。他寫餓得沒法的村民，在地裡刨出死人的屍骨，用火烤來吃骨頭，被舉報後，謊稱是吃羊頭。他寫了一個倖存者對父親的複雜感情。這個倖存者當年八歲，六歲的弟弟餓死了，後來得知，為了活命，父親煮死去的弟弟的肉給他吃，他因此一輩子都無法原諒父親，父親死後也不去上墳。他還採訪了當年牛寨大隊的既得利益者，大隊書記、會計，這些位於權力鏈條末端的小官員，占據了農村食物鏈的頂端，利用職權貪汙克扣，欺壓村人。

牛犇一共寫了三十六個訪談，記錄牛寨大隊的遭遇。村莊隱蔽著時代傷口。對於昔日的阜陽文學青年來說，這是他人生的第一本真正意義的著作。他發現跟牛莊的精神聯繫更為緊密了。

河南光山縣。我尋找一塊石碑和一個人。二〇〇四年，一個叫吳永寬的老農在田間立了一塊碑，紀念在一九五九年至一九六二年期間因饑荒而死亡的七十二名同村人。

吳永寬住在光山縣吳圍子村，一個竹林和水田掩映的深處，找他頗費了一些功夫。老人走出安靜的庭院，對我的到訪有些茫然。

吳永寬個頭不高，花白頭髮，午覺剛睡醒的緣故，還打著赤膊。他連忙套上一件藍色的短袖襯衣，引我到客廳坐定。他世代生活在吳圍子村，在他記憶中，一九五九年本是個豐收年，棉花、水稻、紅薯、雜糧都豐收了，只是後來浮誇風太厲害，幹部講假話、謊話、放衛星，吹噓糧食產量十八萬斤，實際產量只有十一萬斤，少的七萬斤糧食怎麼辦？只能從農民手裡搶口糧、搶種子糧。到了那年的農曆九月，大部分村民家裡已經沒有吃的了。吳永寬記得，九月下旬開始斷糧斷炊。頭一年大煉鋼鐵，家裡的鍋也都砸了上交，村民開始吃榆樹皮、挖來野地的嫩草炒著吃。到了農曆十月底，能吃的東西都吃光了，只有等死。在光山一中讀書的吳永寬回家來找口吃的，卻因為饑餓暈倒在門口。那一年，村子裡餓死了七十多人，死絕了十七戶。

說話間，吳永寬的老伴在旁邊走來走去，面露緊張，她不太支持丈夫給外人講這些血腥往事，「都過去這麼久了，提這些什麼用！」

因為擔心禍從口出而選擇沉默，就會不斷釀就歷史悲劇。吳永寬無法擺脫夢魘，即便在衣食無憂的今天，他印象最深的仍然還是一九六〇年正月初十的一頓飯。為了解決饑餓問題，上面領導終於為村民們人均分了二兩稻子。大家把可憐的二兩稻粒研磨成糠，在食堂用水燒開，喝下去才保住了性命。

二〇〇四年，做工程師的兒子要去美國工作定居。臨行前，吳永寬講了這段往事，跟兒子說，咱們修個碑吧，紀念一下死去的鄉親。他這麼做似乎是想讓兒子和腳下的土地保持某種聯繫。兒子哭了，沒想到這片土地承載了如此沉重的苦難。

「你想看看這碑嗎？」他起身，戴上一頂草帽，領我前去。

經過水田和知了鳴叫的柳樹林，拐過一道坡地，在吳永寬自家的一塊地，我們找到了兩塊碑石，非常普通的石材，飾有白磚紅瓦，上面刻有文字「一九五九年糧食關遇難七十二士紀念碑」。「糧食關」就是為了逼農民交糧、人人都需要過關。令我印象深刻的是「士」的稱謂，歷史上多是用來指風雅的具有獨立精神的知識分子，而那場饑荒過於慘烈，以至於在吳永寬記憶中，每一名餓死者的肉身都帶有了悲壯的知識分子式的抵抗特質。碑身記錄了同村倒在糧食關前的死者名字，大部分都姓「吳」。還有些只是剛出生的孩子，來不及取名，就用小名、花名替代。

看著墓碑，吳永寬一拍大腿：「哎呀，還少寫了三個人！」就在跟我交談的工夫，吳永寬突然發現，有三個重名的死者居然在刻碑時忘記了，如此說來，死亡人數應該是七十五人才對。這個意外發現刺激了老人。

「還有一個叫吳小油的女孩子，餓死了，她的父親把女兒腿上的肉片下來，煮來吃了。哎呀，肉黃黃的！」他喃喃自語，「我怎麼給忘記了呢！」

人相食為古人忌諱，代表了道德秩序的崩潰。這一幕對帶有奇幻色彩的社會實驗提出了嚴厲控訴。

離開時，吳永寬摘下草帽、向墓碑鞠躬，他用腳平整周圍的泥土，轉身走開，不再說話。

七十五歲的吳永寬是寬厚長者，閒暇時會騎著電動三輪車，慢悠悠騎到光山縣城，靠給人算命掙些小錢，打發時間。

算命算得準的人，往往都是經歷過坎坷的人，他們懂得命運艱辛，通過交談和察言觀色看透別人的心事。我半開玩笑讓他幫我算一卦，他要我提供生辰八字。見老人認真起來，我說，待我問好了下次一併告訴他。

我站在村外水泥路上向他告別，看他騎著三輪車的背影消失在田間。我記住了吳永寬業餘算命的地址，就在光山縣城的英雄紀念碑下面。光山其實不是山，制高點就是這座紀念碑，紀念那些青史留名的人民英雄和烈士。在中國很多地方都有這樣的紀念碑，紀念國家的英雄人物，但是不包括死於饑荒年代的那些普通人。其實，每個人的生命都是有價值的，無外乎戰死還是餓死。

山東威海。我尋找一名打撈歷史記憶的前輩記者。楊繼繩每年夏天都會來此小住。為了逃離北京的霧霾天，楊繼繩退休後在風景宜人的海邊買了一所房子。走在這個社區裡，隨處可以聽見北京、天津、山西口音。

楊繼繩是新華社的著名記者。從一九九六年開始，花了十年時間，利用在中國各地出差採訪的機會，收集素材，寫出《墓碑》一書，首次在中文世界系統記錄下中國的饑饉年代。我在威海拜訪了這位受人尊重的新聞界前輩。楊繼繩身材不高，濃重的湖北口音。他告訴我，父親在災荒中離世，促使他關注這段特殊的歷史。

楊繼繩是過繼的，父親其實是他的伯父，對楊繼繩很疼愛，傾其所有供楊繼繩讀書，這在當時的農村很有遠見，給年幼的楊繼繩種下了追求知識的動力。

一九五九年四月底的一天，讀寄宿制中學的楊繼繩正在學校辦壁報，村裡的小夥伴趕來告訴他：「你父親餓得不行了。你趕快回去看看吧，最好能帶點米回去。」楊繼繩到食堂科停伙三天，取了三斤大米，立即往家趕。走到村裡，發現一切都變了樣：門前的榆樹樹皮都被村民剝去吃掉了，家裡沒有一粒糧食，水缸裡連水也沒有。父親半躺在床上，兩眼深陷無神，臉上沒有一點肌肉，皺紋寬闊而鬆弛。原來，父親沒有力氣去刨樹皮，餓得受不住，想去買點鹽沖水喝，倒在半路上，被村人抬回家。楊繼繩很自責，用帶回的米煮成稀飯，送到床邊，父親已經不能下嚥了，三天後去世。

楊繼繩自清華大學畢業後進入了新華社，立志做一名講真話的記者。養父餓死的一幕沉甸甸掛在心中。他工作之餘開始收集困難時期的歷史資料，經常在出差採訪結束後，先把稿子寫完寄回單位，再多呆上一兩天，利用當地關係，到檔案館去查歷史資料，或者尋訪當事人。

「三年自然災害」的概念，在中國民間有不同描述。一種說法是指一九五八年到一九六一年這三年，另一種說法則是指一九六〇年到一九六三年。而楊繼繩認為，其實那是一個跨度和影響相對較長的時間段。一九五五年，經濟指導方針「冒進」，高指標、高速度，造成了一九五六年國民經濟全面緊張。由於糧食高徵購，一九五六年農村已經餓死了不少人。不同的地方受到饑荒波及的時間段略有差異。在一九六三年全國災情逐步趨於緩解好轉。中國歷來是自然災害多發的國家，一九五九至一九六一年肯定是有自然災害的；但是調查發現，這三年的自然災害並不比歷年的自然災害更加嚴重。

楊繼繩採訪了國家氣象局退休專家高素華。高素華一九六三年畢業於瀋陽農學院農業氣象專業，畢業後一直在國家氣象局工作。她告訴楊繼繩：「一九五八年到一九六一年，在全國範圍內沒有出現大面積的旱災和澇災，也沒有出現大面積的低溫災害。這三年是正常年景。」還有一種民間說法，中國陷入糧荒跟蘇聯逼債有關，把三年困難時期的外部原因，歸罪於「赫魯雪夫要求撤走全部蘇聯專家，周總理號召大家勒緊褲腰帶還債」所造成的經濟困難。這也是我父母那輩人習慣性引用的一個說法。我在南方某省檔案館遇到的中年男士顯然也受此觀點影響，而楊繼繩查詢到的歷史記錄顯示，毛澤東主席要求提前還清蘇聯債務，同時，在國內糧食緊張的時候，中國還向其他第三世界盟國提供了大量糧食援助。逼債說不成立。可見，「自然災害」和「外部原因」都不存在。

楊繼繩發現了一個現象：在嚴格執行統一政策的情況下，中國各地出現了災情輕重不同的差別，這是為什麼？

中國學者李若建認為，饑荒輕重不同與各省的地理位置和自然條件有一定的關係。內陸省分的饑荒重於沿海省分，山區的饑荒重於平原。另一位學者曹樹基認為，近百年來各地遭受的饑荒程度不一，有些地區經歷過巨大的人口死亡，有些則沒有。因此，關於饑荒和人口死亡，各地存留有不同的民間記憶。他認為，民間饑荒記憶強的地方，對新的饑荒的抵抗能力就強。江西在太平天國時死人最多，山西、陝西近百年內曾出現過大饑荒。在這樣的省分，人們對糧食的重視，遠遠超過未經歷饑荒的地區，所以，這些省分在困難時期死人就少。

在李若建、曹樹基兩位學者提出的看法基礎上，楊繼繩又得出結論：通俗地說，在「大躍進」中緊跟形勢、並且「創造性地發揮」的省委，這個省的災情就重。

楊繼繩繼承了中國知識分子始自司馬遷的知無不言的傳統，為歷史保留了一份全景檔案。這是為了紀念養父和同時代的死者而樹立的一座無形墓碑。楊繼繩相信，即便他死了，後人也能在世界各地的圖書館查閱到這座用文字建造的墓碑。

一九九八年，諾貝爾經濟學獎授予了印度學者阿馬蒂亞・沈恩（Amartya Sen），以表彰他對福利經濟學幾個重點問題做出的貢獻，包括社會選擇理論、對福利和貧窮標準的定義、對匱乏的研究等。阿馬蒂亞・沈恩一九三三年生於印度，一九五九年在劍橋大學獲得博士學位。他在一九八二年發表的文章提出了一個著名觀點：人類饑荒史的一個重要事實是，沒有一次大饑荒是發生在有民主政府和出版自由的國家。

他寫道：「饑荒發生在古代的王國，發生在當代的專制社會，發生在原始部落，發生在現代技術官僚獨裁的國家，發生在帝國主義者統治的殖民地經濟，發生在專制統治或一黨專制的新興獨立國家。但是，在那些獨立的，實行定期選舉的，有反對黨發出批評聲音的，允許報紙自由報導的和能夠對政府決策的正確性提出質疑的，沒有實行書報檢查的國家，從來沒有一個發生過饑荒。」[47]

由此，阿馬蒂亞・沈恩注意到了饑餓與公共行為的關係。他所指的公共行為，

47 《*How Is India Doing?*》Amartya Sen——The New York Review of Books DECEMBER 16, 1982

並不僅僅是國家的活動，也包括了人民大眾所採取的社會行為；不僅有合作的，還有對抗的。他認為，國家在根除饑荒和消滅持續剝奪中起著主導作用，但是國家行動的性質和效力在缺乏公眾警惕和活動的情況下極易惡化。

他在比較了印度和中國的饑荒之後發現，饑荒都表現出相似的現象：農業產量與收入發生巨大的崩潰，地方上的公共分配遭到全面破壞。引起阿馬蒂亞·沈恩關注的是，中國一九五八至一九六一年饑荒與政策失誤緊密相關，但是獨立後的印度實際上沒有遭受大規模的饑荒，這一事實恰與中國經歷形成鮮明的反差。

他認為，饑荒徵兆本身更容易被印度相對自由的媒體與報紙加以傳播，記者與政治敵對勢力在這一領域都發揮了積極的審查性作用，「報紙與反對派領導的敵對性參與，如前所述，構成了印度饑荒預防體系的一個重要組成部分。它產生了快速的觸發機制，並激勵了全力保障的戰備狀態」。[48]

他分析說，「當饑荒構成威脅時……所缺少的是一種存在對抗性新聞界與反對勢力的政治體制。饑荒在中國肆虐了三年，但這一事實甚至都沒有得到公開承認，更不必說對威脅採取充分的政策應對了。不僅全世界沒有意識到中國的這一可怕事態，甚至本國人民自身也不瞭解國家災難的程度以及全國各地所面臨的問題的普遍性」。49

更有甚者，對抗性新聞界和對抗政治的缺乏還打擊了政府，強化了它對地方狀況的無知，如中蘇大饑荒比較研究專家白思鼎（Thomas P. Bernstein）指出，「國家領導相信他們收穫了超過真正獲得量一億噸的穀物」，這種無知是由「大躍進」期間對莊稼產量的含有政治動機的誇大以及地方領導對傳達自身問題的恐懼所造成的。

誤報還使生產與分配政策未得到相應的修正，且沒有實施任何緊急權利保障方案。除了政府資訊匱乏使其自身對形勢的估計嚴重失誤外，對抗性的政治與新聞制度的缺乏也意味著，幾乎沒有任何來自反對集團及被告知的群眾意見方面的

48 〔印〕讓·德雷茲、阿馬蒂亞·森著，蘇雷譯：《饑餓與公共行為》，社會科學文獻出版社2006年版，第220頁。

49 《饑餓與公共行為》，第220頁。

壓力，迫使政府迅速採取充分的抵制饑荒的措施。[50]這是一個獨具眼光的深邃觀察。

——

我追隨白修德的步伐，重溫逝去的記者生涯、為那些消失的黃金歲月唱一曲輓歌。在沿著白修德之路的旅程中，我看到了晦暗中的光。從合肥到光山再到煙臺，執著的人們以不同方式記錄歷史。從吳永寬到牛犇，從張高峰到楊繼繩，秉持著人道主義色彩的記錄傳統在中國一直沒有中斷，真相永遠不會缺席。

良知仍然是照亮中國人靈魂的微光，也從未熄滅。

50 《饑餓與公共行為》，第221頁。

輯III・

薩爾溫江的戰士

南傘口岸，中國與緬甸果敢接鄰的口岸鎮。「南傘」是傣語音譯，意為送公主出嫁之地。

彭家聲年輕時的照片。

邊境南傘

中緬邊境公路，吉普車向山林掩蓋的一處秘密營地進發。

從「上海孤兒」的尋親迷宮，到白修德筆下的昔日中國，我進入現實與記憶光怪陸離交織的時光隧道。現在我在中國西南邊境展開一段新旅程。

怒江水在身邊緩緩流淌。進入緬甸境內之後，怒江就成為了薩爾溫江。古老的河水隔開了兩個世界。二〇一四年春天，緬甸一側的果敢爆發了戰爭，交戰的雙方，一方是躲避在高山密林之中，裝備著AK47、狙擊步槍、手雷、匕首的緬甸民族民主同盟軍（MNDAA），一方是使用高射炮、重機槍、裝甲車、戰鬥機的緬甸政府軍。而我身處的中國一側平靜如常——至少表面上如此。

緬甸位於中華帝國版圖之南。大國利益、小國訴求、民族衝突、金錢欲望，每天在邊境線上上演。上世紀五〇年代，緬甸仍然是東南亞最富裕的國家。五十多年的軍政府統治和動盪的民族衝突，改變了這一切。

歷史學者秦暉在《密松之惑》一文中寫道，二戰以來中國一直是緬甸的重大參與方和利益相關方。抗戰時中國軍隊在緬北通道與日本軍浴血奮戰。一九五〇年仰光政府假手「新中國」把「舊中國」趕出爭議區，一九六〇至一九八〇年代中國向緬甸「輸出革命」支援緬共割據，到八〇年末中國才極力脫身。

「那時中國、緬甸軍政府和『民地武』[51]三角關係每一邊既非劍拔弩張，又非親密無間，假如緬甸官民能夠相安而中資也不需要大舉入緬，這種狀態也許就持續下去了。」但情況又發生了變化。秦暉認為關鍵因素之一是近年來中國與緬甸的關係越來越熱。「這種關係既有經濟互補和國際地緣政治的基礎，也有明顯的意識形態色彩。緬甸軍政府之所以極力對中資、特別是對壟斷性國企大力開放，實際是向反對派打中國牌。」

中國試圖把雲南打造成對外「橋頭堡」，無數中國企業深入緬甸這個長期遭受制裁的軍政府國家。給這個封閉小國帶來效率、還有畏懼感。緬甸發生了重大改變。長達半個世紀的軍政府統治逐漸隱退，以翁山蘇姬為代表的民主力量重返政治舞台，加上傳統軍事反對派，各種勢力膠著。作為緬甸最大的投資國，中國國有大型企業長驅直入的步伐，陷入了各種力量角逐形成的漩渦。緬甸國內十七年的停火協議，在二〇一一年六月九日化為泡影。緬甸政府軍和靠近中緬邊境的少數民族武裝克欽獨立軍（ＫＩＡ）爆發了激烈的戰事。現在，果敢同盟軍又向中央體制發起了挑戰。緬甸有一百三十五個民族，是世界上民族關係最為複雜的國家之一，桀驁不遜的少數民族武裝很難服從緬甸中央政府的統治。戰事牽動著在邊境線謀生的商人們的神經，也威脅著中國企業在緬甸的巨額投資。

我喜歡在邊境地區旅行。中國過去四十年取得的發展成就令人激動，像是一款後現代感十足的靚麗汽車，陳列在裝潢精美的展廳，看多了未免感覺有點兒審美疲勞。而邊境卻有著跟中國內地截然不同的風情，保留著在蠻荒之地開疆辟土

51 民地武：「緬甸少數民族地方武裝」，又被稱為「民族組織」、「民族抵抗力量」和「民族叛亂團體」。此類組織特徵有：聲稱代表民族身分；旨在通過同盟和聯盟獲得其他「民族武裝組織」的相互承認；有一個武裝派別，也可能有一個政治派系。

的深沉氣質，依稀可見四十年前啟動經濟革命時的那份衝動與激情。

英國經濟學家羅納德・寇斯（Ronald Harry Coase）認為，中國改革開放的成功之處，「不是中國政府，而是『邊緣革命』，將私人企業家和市場的力量帶回中國。」承包制、鄉鎮企業、個體戶和經濟特區，是寇斯總結的四個重要的「邊緣力量」，它們共同促成了中國的「邊緣革命」。這個結論指出了一個基本事實：國家主導的改革或通過其有形之手對中國經濟的巨大影響，實際上是在邊緣革命所開拓出來的基礎上形成的。寇斯的這個觀察在邊境地區得到了充分的體現。我到訪過幾乎所有的中國邊境口岸，發現即便在中國偏遠地區，也發展出了強悍的市場意識，尤其令人驚嘆的是，改革開放極大地解放了思想，幫助國人掙脫了精神束縛，重新確立了個體價值，這種改變廣闊而細微，正是這種結構性的改變啟動了中國人民的創造力，塑造了跟白修德時代、「上海孤兒」時代完全不同的一個現代中國。

三天前，我從雲南臨滄西行，來到邊境城市南傘。沿途看到至少五處難民點，都是從果敢一方躲避炮火而來的緬甸難民。藍色的救災帳篷，豎著紅十字的旗幟，中國邊防武警在一旁值守。南傘市民似乎習慣了對岸的緊張局勢，並不擔心中國一側會發生意外。這種強烈的反差令我印象深刻。

南傘分為老城和新城。坐著當地特有的「綠洲」敞篷電瓶車，花四元錢就能從老城坐到新城、再繞回老城。老城狹長擁擠，新城則地域開闊，有空闊的主幹道，一處街心廣場。入夜燈紅酒綠，暗紅色的燈火影影綽綽。南傘的國門造型像是一本打開的書卷，上嵌中國國徽。而對面緬甸果敢的楊家寨口岸，琉璃色磚瓦上立著一尊睡佛，可見身著灰綠色制服的緬甸海關人員隨意走動。

我住在海關邊上的一家酒店的九層。頭一天夜裡兩點，我被鄰國的隆隆炮聲吵醒，從床上爬起來，從窗口望向緬甸果敢，看到炮火映紅了對岸的天際，一會兒又暗淡下去。

呈現在我眼前的將是一番超現實的奇幻景觀。白修德時代的農民、「上海孤兒」時代的城市流民，這些邊緣人群現在成為了推動中國市場轉型的先鋒，在國境線上翩然起舞。致富衝動迅速掩蓋住了曾經的動盪和苦難。或者，狂歡過後，創痛仍將在暗夜襲來。

以果制果

前一天下午，我接到消息，緬甸民族民主同盟軍同意我去他們的營地採訪。此刻，我們的車子正在向營地進發。當車子疾駛在邊境線的公路上，遠遠看見對岸的山上偶爾冒出白煙，伴有沉悶的響聲。「老緬在朝我們開炮呢！」臉膛黝黑的司機嚼著鮮紅的檳榔，緊盯方向盤前方，頭也不抬地說。

載我的吉普車司機姓楊，來自緬甸果敢。每天他在邊境線上給同盟軍的營地運送給養，包括子彈、大米和啤酒。今天則是四箱緬甸大象牌香菸和我這個中國記者。

果敢地形狹長，面積約二千平方公里，北部多高山峻嶺，河流峽谷，薩爾溫江的上游就是中國的怒江，從果敢北面的石洞水村流入緬甸。老街是果敢的行政中心，這一帶多石灰岩洞穴，洞穴十分深邃，據說昔娥附近的岩洞能直通南傘。

據《薩爾溫江的果敢民族》介紹，果敢人口大約十五萬。其中80％以上為漢族。果敢漢人屬於緬甸北部幾十個少數民族中的一員，口音與毗鄰的中國雲南鎮康、永德方言無異。世代居住在緬甸東北部薩爾溫江至緬甸佤邦之間一塊狹長壩子內，那塊地方在緬甸版圖上稱為果敢克言（縣）。三百多年前，薩爾溫江上游都是大明領地。一八九七年，英國與清王朝談判定界，果敢被畫入英屬緬甸。果敢人又成為英國、緬甸統治下的少數民族。

受到大清皇帝冊封的世襲土司，曾是果敢長期的實際統治者，土司楊振材是個開明人士，一直在英國和中國之間保持著平衡。一九四七年，楊振材和克欽、撣邦等緬北地區的少數民族代表與來自緬族的翁山將軍一起簽訂了《彬龍協定》，相約把緬甸建成一個聯邦制國家。一九六二年，政變上台的尼溫軍政府取消了世襲的土司權力，用武力解除果敢土司武裝。激化了少數民族地區和緬甸中央的矛盾。由於奈溫政府和中國關係惡化，中國支持緬甸共產黨開展武裝革命，並介紹緬北的少數民族武裝和緬共合作，其中包括起兵造反的果敢人民革命軍，好處是可以得到緬共提供的中國製武器彈藥。包括果敢在內，緬共在緬北建立了龐大的紅色根據地。此後緬北陷入了長達近三十年的內戰。

一九八九年，蘇聯解體，北京在前幾年已經停止了對緬共的公開支持。信奉派別清洗和教條主義的緬共內耗不斷，緬族領導人指揮無能，後期緬共更是淪為金三角地區最大的軍事販毒組織，成為強弩之末。果敢人彭家聲推倒了第一塊多米諾骨牌。一九八九年三月，緬共人民軍副司令彭家聲帶領果敢部隊脫離緬共，成立果敢民族民主同盟軍，十一月與緬政府達成和平協定，正式成立撣邦第一特區，彭家聲任主席。

半年之內，緬共的其他主力部隊八一五軍區、中部軍區、七六八旅、一〇一軍區，相繼宣布脫離緬共，與緬甸政府簽訂停火協定，紛紛成為「特區」。緬甸北部實現了形式上的停火。緬甸政府只駐紮少量行政人員，允許特區繼續保留軍事力量。但是民間地方武裝和緬甸中央從來沒有取得信任。

二〇〇九年八月，緬甸軍警以緝毒為名，查封果敢特區軍械修理廠，雙方發生對峙。副司令白所成、劉國璽兵諫，歸順了中央政府。彭家聲被逐出果敢，緬甸對彭家聲發出通緝令。此事被稱作「八八事件」。彭家聲銷聲匿跡。二〇一〇年，特區更名自治區，白所成任主席，果敢開始正式納入緬甸憲法範疇，不再是從前的獨立王國。

但是八十四歲的彭家聲並不甘心，他創建的同盟軍也不甘心就此退出舞台。「八八事件」時隔五年之後，二〇一四年二月九日，槍聲再度在果敢老街響起。彭家聲捲土重來，很顯然是為了在這一年進行的緬甸大選爭取更多的談判籌碼。

六〇年代作為支左的中國知青，雲南人王曦參加了緬甸共產黨與緬甸軍政府的戰鬥。王曦著有《紅飛蛾》一書，對當地的觀察是：果敢人沒有文化，盡是大字不識的文盲，他們習慣於整體性的盲從和軍人個性上的絕對服從，誰統治果敢，果敢人就當誰的兵，只要有錢用，有飯吃，就替誰賣命，有奶便是娘。所以果敢這塊化外之地歷來是登高一呼者的天堂。

在果敢這片未開化的土地上，彭家聲就是那種梟雄式的人物。彭家聲祖籍四川。居住果敢已經四代。他出生在紅石頭河，原本是楊土司家的衛隊長。一九六七年七月，彭家聲等四人舉旗造反，帶領三十幾人秘密成立了「果敢人民革命軍」。同樣是土司家丁出身、比彭家聲小四歲的果敢人羅星漢則被緬甸軍政府扶持成自衛隊，實施「以果制果」，坐觀虎鬥。

一九六七年七月，果敢人民革命軍遭到了緬甸政府軍和羅星漢的夾擊，隊伍只剩下一百六十多人，退避到中國境內，被繳械收留，與正在醞釀準備新一輪武裝起義的緬甸共產黨取得了聯繫，彭家聲同意接受緬共的領導。在南傘以北的鐵石坡得到了正規的軍事訓練，學習了馬列主義毛澤東思想。一九六八年一月一日，彭家聲任緬甸人民解放軍第一支隊支隊長，後來更名「緬甸人民軍四〇四部隊」，殺回老家果敢，這一次，他的士兵帽檐上都鑲嵌著紅色五角星。一九六九年初，緬共人民軍東北軍區宣告成立，95%的果敢土地插上赤旗。彭家聲擔任了軍區副司令員兼任果敢縣縣長。

王曦當時就在彭家聲部隊戰鬥和生活。他印象中的彭家聲人稱彭老倌，具有領袖氣質，豪爽，記得共事的每個普通部下的名字。那個時期的照片中，彭家聲皮膚黝黑，雙眼有神。在寫給上海友人的書信中，只是高小畢業的彭家聲展示了流利漂亮的鋼筆字。彭的弟弟彭家富善於打仗，一張八〇年代拍攝的照片顯示彭家富曾經遊歷上海，與妻子在賓館對飲。但是彭家聲兄弟都沒有加入緬共。他們果敢人的身分，在緬族人占主導的緬共中央一直受到排擠和邊緣化。

王曦認為，「緬共領導人一支擔心彭氏兄弟功高震主。骨子裡，彭家兄弟也瞧不起緬共只會誇誇其談的領導人。也瞧不上什麼主義思想，他們就是職業的士兵。我對果敢人太瞭解了。他們缺乏政治抱負，更看重利益。」

一九八九年，彭家聲率先脫離緬共。他被原先的同志宣布為革命叛徒，兵不血刃的緬甸政府則稱讚他是和平的使者。二〇〇二年，果敢宣布徹底取締了鴉片種植。此後著力發展博彩業，帶動了地方經濟發展，當地通用漢字，使用中國手機信號。更多中國人的到來，使得這個緬北地帶具有了濃厚的中國特色。《果敢志》的撰寫者魯成旺告訴我，後期彭家聲政策失誤，權力集中，一些老部下被削權。「是彭家聲自己打敗了自己。」像大多數精力旺盛的獨裁者一樣，彭家聲討了幾個妻子，育有十三個子女。長子彭大順任同盟軍司令，老二彭德義為旅長，老三彭德禮任財政部長，管果敢銀行。

一九九二年，副司令楊茂良兄弟以財務不清為由兵變，在佤邦幫助下奪得果敢，彭逃往四特區避難。結果，楊茂良上台後，果敢種毒販毒更加猖獗，一九九四年楊茂良的弟弟果敢副縣長楊茂賢潛入中國販毒被抓、獲判死刑，果敢當局與中國關係惡化。當年楊茂良兵變事件中，雙方曾經廣發英雄帖，博尊寶是年輕時在果敢參加過緬共的中國知青，曾受彭家聲一方邀請觀戰助陣，他認為果敢仍然保留著舊軍隊的江湖做派。而果敢同盟軍由於較為鬆散的結構，更是給內部不斷紛爭提供了天然的良機。

一九九五年十一月二十二日，彭家聲反攻果敢，楊茂良逃入緬甸控制區，將果敢軍火交給緬甸政府軍以求自保。緬甸承認彭家聲重新掌握果敢，但是政府軍六、七個機動營開進果敢，控制了老街至清水河的所有軍事戰略高點，打破了特區成立後果敢沒有緬甸駐軍的歷史。

博尊寶說，歷史上果敢就是一個內戰內行，同室操戈，兄弟爭權，互相殘殺的地方。果敢號稱「九反之地」，歷史上寫滿了「背叛」，也一直沒能逃離果敢人打果敢人的怪圈。

如今回憶當年歲月，王曦說自己時常心懷內疚。「挑動革命的其實就那麼幾個人，結果就是你殺我，我殺你。老百姓自己打自己。」在這塊土地上，很好地演繹了戰爭的本質就是為了一小部分人的利益。

這個世界就是這樣。

果敢二代

那天上午，我所乘坐的吉普車行駛了大約三十公里後停在一處沙土地帶。只有熟悉地形的當地人才清楚腳下哪一塊土地屬於緬甸，哪一塊實際走入了中方境內。來自奈比多的緬甸軍機對這種複雜地形顯然不適應，三月十三日，誤把一枚炸彈丟進中國領土，炸死孟定鎮五名中國公民，八人受傷，引發了北京的憤怒。

犬牙交錯的邊境線成為同盟軍對抗政府軍的天然屏障。緬甸政府軍人數和武器占絕對優勢，同盟軍更加熟悉地形。當戰事不利，同盟軍戰士會丟掉武器隨時消失在身後廣袤的縱深地帶。他們的語言跟中方一側邊民毫無二致，換上便裝從外表看就像是中國邊民。

三個果敢男人走到吉普車前，幫楊司機卸香菸。楊帶我向山後走去。我注意到手機還是中國電信的信號，但是毫無疑問已經進入到了緬甸境內。經過高大的竹林，進入一個果敢村莊。村頭的民宅前，卸貨男人已經坐在屋簷下，點燃了手裡的水菸袋。在光線昏暗的廚房，另外兩個男人用鐵鏟攪動一鍋米粥。這是即將送去同盟軍營地的午飯。同盟軍宣稱，他們發動的正義戰爭贏得了果敢人民的支援。這種論調對我們中國人來說並不陌生。

已經有人給山上的軍營通風報信。在爐火前等了二十分鐘後，一輛滿是泥土的緬甸牌照白色皮卡車從後山疾馳而來，兩名身著草綠色卡其布軍裝的同盟軍戰士跳下車，司機一個瘦高，另一個是矮個，脖子上繫著白毛巾，兩人都挎AK47，都很年輕。高個士兵拿對講機彙報，他的上級同意我進入腹地的營地。只是，「不要拍照」，士兵翻翻眼睛，低聲對我說。

我們站在山路旁等待另外一輛車。繫白毛巾的戰士給我展示掛在胸前的彈藥夾：三個子彈袋裡依次裝了四十、三十、三十發子彈，還有一個用白色膠布捆紮好的一百發子彈，另配有一顆手雷，兩人腰間都別著一把匕首。這是近距離搏殺時的最後選擇。顯然他們考慮得極為周全。現在，「白毛巾」拔出這把匕首，劃開大象牌香菸的箱子，取走了幾條香菸。香菸是戰時很好的補給。楊司機和我都沒有表示異議。

從接洽採訪到上山探訪營地的過程頗需要耐心，顯示這是一個管理有序的軍事組織，而非烏合之眾。正如早先同盟軍發言人吞米雅林對我所說：「這是場戰爭。」戰爭從二〇一四年二月九日爆發，四月分我到達的時候，交火已經持續了近兩個月。同盟軍展示了極為強悍的戰鬥力和抗擊打能力。

現在接我上山的工具換成了另一輛墨綠色皮卡車，我坐到副駕位置，發現腳底是一麻袋硬邦邦的子彈，腿彎處還擱著一把長槍。司機是一個穿著綠色軍服的大男孩。他倒是有問必答，不過言簡意賅。「多大了」，「二十三」。「來了多久了？」，「七年」。算起來，他十六歲加入了同盟軍。「害怕嗎？」他笑。「打老緬嘛！」

山路崎嶇不平，他熟練地操縱著皮卡車，一蹦一蹦在山路上行進。偶爾經過一、兩個面色凝重、牽著耕牛的當地農民，以及更多廢棄的民房。戰火的破壞力是驚人的，戰爭爆發後，大多數邊民為躲避炮火跑到了中國雲南一側。

皮卡車翻過了一個山頭，在另一個山頭的半山開闊地停下來，一處被徵作營地的民房出現在眼前。這是北京時間上午十點半，緬甸時間九點，更多的士兵——有的在警戒，有的在洗漱，有的在擦槍，出現在眼前。

年輕的營長姓盧，二十七歲。他告訴我這是同盟軍三一一旅二營駐地。他們正在和緬甸政府軍六六師展開正面交火。

他膚色黝黑，雙眼炯炯有神，腰裡別著一支小手槍。在一張堆著香菸、藍帶啤酒的小桌上，他給我推演戰事的進展。

「此地叫做大洞。前一天晚上，我們剛從另一座高地扣塘撤到此處，我們是戰略性收縮，但是老緬宣傳他們打了勝仗。此刻我們二營的三百餘名戰士正在山頭與緬軍對峙。同盟軍的另一支主力二一一旅則在南天門與緬軍對峙。」

兩個年輕的士兵扛著狙擊步槍離開了營地。營長中斷了演示指給我看：「這是我們的神槍手，後面那個，昨天點射，幹掉了十個老緬士兵。他們又要上去了。」

我和盧營長坐在屋簷下說話。周圍的戰士進進出出，安靜地注視著我們。真正的前線還在後面的山上，這是只是營指揮部，有十幾名勤務兵，還有兩個衛生員，角落堆放著一些藥品，上頭是中國漢字。在一旁的廚房，一個士兵正在翻動灶上的炒飯。我感到了一股不太美妙的壓抑的氛圍。

午間的悶熱到來，盧營長一根一根地抽菸，興奮中難掩疲憊。「老緬總是在夜裡炮襲。他們不想讓我們睡個好覺。」

隨後走來的副營長三十歲，蓄著絡腮鬍子，有一張果敢人少見的白皙臉龐。他自稱父輩來自中國保山，自己在果敢長大，但是沒有果敢身分。「我們無法享受和緬甸人同等的國民待遇，連合法身分也沒有，這就是為什麼要打仗的原因。我們要爭取自己的權益。」

他們都在果敢的軍事幹部學校接受過軍事訓練。盧營長小學畢業就務農，是家中次子，哥哥在外打工，按照果敢老二當兵的習俗，他在二〇〇五年十六歲的時候就進入果敢的軍校學習，畢業後成為一名軍事教官。軍校校長是現在同盟軍的司令彭大順。當時他們系統學習了軍事理論，「第一課就是教育我們，同盟軍是人民子弟兵。我們果敢人都是有血性的男兒。」說到這裡，他的話語再度昂揚起來。

盧營長對戰爭帶有宗教般的狂熱，也抱定了犧牲的決心，讓人印象深刻。在扣塘戰役中，他派十分信任的一個戰士送彈藥上去支援，「他很能打，但是敵人一顆子彈打中了大動脈，血止不住，二分鐘就死掉了。」

年輕的盧營長經歷過二〇〇八年的「八八事件」，在緬甸政府軍的驅逐下，同盟軍士兵進入中國境內，把隨身武器扔在公路邊，繳械成為難民。說到此，他明亮的眼神變得暗淡。對於職業軍人，那是屈辱的一刻。

「八八事件」的果敢同盟軍主力，大部分人輾轉進入勐臘，一部分則進入了薩爾溫江以西的江西地區，那裡是另一支民地武裝克欽獨立軍的地盤，果敢同盟軍和民地武裝德昂軍一起進行軍事訓練。

早先，同盟軍發言人呑米雅林告訴我：「我們需要回家。否則我們面臨著滅族的危險。我們的訴求就是恢復到一九八九年前的軍政府狀態，恢復果敢第一特區，果敢有自己的文化，強制性去漢化我們不願意接受。現在果敢的行政管理是緬族人，果敢人的重要行政管理和立法權都沒有，我們要求自己管理自己。」

緬甸政府軍一直希望借助武力一勞永逸地解決緬北少數民族武裝割據，但是從來沒有成功過。緬甸有二十六支少數民族武裝力量，但是緬甸只承認十六支少數民族武裝，不包括果敢同盟軍。二〇一五年是緬甸大選年，分析人士認為，同盟軍此次主要以打促和談，增加談判籌碼。

盧營長堅定地告訴我：「這次我們決不投降，只有兩種結果，一是戰略性撤退，二是敵人踩著我們的屍體過去。」

在雲南邊境的時候，我向果敢特區政府發出了申請採訪，等待了幾天後，對方在邊境的聯絡人員同意帶我進入果敢。載我進入老街的是幾名在果敢做生意的浙江商人，他們和果敢政府保持了良好的友誼，悉心照顧著遺棄在戰火中的尚未完工的果敢生意項目——一處巨大的現代化房地產樓盤[52]。

越野車駛過一二五邊境線上的商貿城，經過一處擁擠的難民營，駛入果敢特有的紅土公路，路上沒有車輛，只有緬甸政府軍和果敢員警設置的檢查哨崗。穿防彈衣、繫著標誌性的紅領巾、戴墨鏡的浙江司機說：「要小心同盟軍的狙擊手打冷槍。」

曾經燈紅酒綠的邊境賭城幾乎蕩然無存，只留下粗糙空蕩的建築。老街是果敢的中心，如今成為一座死城。隨處可見燒焦的房屋。浙江人投資興建的白鶴公館孤零零矗立著。他們下車警戒，拉響了槍栓。既是震懾躲在暗處的對手，也為自己壯膽。果敢方面允許他們持有半自動步槍自衛。一個浙江商人無奈地說：「我們也不願意冒著風險，但是必須要保衛自己的財產。」

老街的標誌雙鳳樓，傳說是彭家聲為兩位夫人所建，雙鳳樓七層，另一座金三角酒店八層，預示著彭家聲軍事生涯的七落八起。台北金店的捲簾門被破壞，遭到了洗劫。緬甸軍警正在展開逐戶的地毯式搜查，抓捕同盟軍戰士，也緝拿戰時的盜搶分子。

後來另外一輛自治區員警的車輛代替了越野車，繼續載我在老街穿行。這已經是我這一天中換乘的第四輛交通工具。黑壯的果敢司機腰裡別著一把白朗寧手槍。他說：「戰爭第一天打響的時候，同盟軍偽裝成果敢員警，有的還穿著百姓的服裝，向政府軍據點發起了衝擊，引發了混亂，由於語言不通，一些老百姓沒

52 樓盤：泛指地產行業中的產品，可指稱地皮、大樓、居住物件等。

有理會緬軍的喊話，四處奔跑，有些被緬甸軍隊誤傷死亡。」

車子經過一處街道，他搖下車窗，「那幾天這裡都是屍體，臭的很。後來一把火全燒掉了。」

在自治區政府駐地，牆體上布滿槍眼。幾名持槍員警在警戒。在每條街巷，都有穿著藍色制服的果敢員警和灰綠色制服的緬甸軍警，持槍躲在角落裡，審視著過往的行人車輛。

鞏發黨[53]的果敢地區書記白應能接受了我的採訪。鞏發黨是緬甸的執政黨，白應能也是自治區主席白所成的長子。作為同盟軍眼中的「叛徒」，白家已經成為了襲擊目標。最早，出生在紅岩的白所成跟隨彭家聲起兵，在二〇〇九年的「八八事件」中，倒戈中央政府，被彭家聲視為傀儡政權。同盟軍發言人吞米雅林曾經不屑地說，「白所成就是一個出賣民族的人物，只考慮個人利益。」

白應能身材魁梧，身著一身藍色對襟褂，這是果敢的禮服。他剛送走了前來視察的緬甸東北軍區司令翁山少將。一九八一年出生的白應能已經是六個孩子的父親。擔任過果敢青年和聯合會副會長、財政部副部長，二〇一〇年擔任緬甸執政黨果敢黨委書記，二〇二〇年連任撣邦議會議員。

白應能言辭誠懇，但是難掩焦慮。他感嘆道：「戰爭對果敢經濟和民生影響是前所未有的，果敢地區經濟因為戰爭每天損失上千萬。難民已超過十萬人，其中，下緬甸有三萬多，在中國境內差不多五萬。靠近中國邊境線一帶難民不少於三萬人。」

談及這場戰爭，白應能說，緬甸有六千多萬人口，有三十五萬兵力，跟果敢同盟軍比較，實力對比很明顯。他對戰事結局表示樂觀，只是「目前雙方傷亡都很大。我的心都在流血。因為我們都是一個民族。」

「果敢從特區改為自治區，有人說果敢人的權利在大幅度減少，你怎麼看？」我問。

白應能不認可這個觀點。「二〇〇八年緬甸憲法通過，二〇一〇年成立自治區，我們果敢有三個國會議員，直接參與國家大事決策，自治區還有四個邦議員，

53 鞏發黨：聯邦鞏固與發展黨，緬甸政黨，成立於二〇一〇年五月八日。前身為聯邦鞏固與發展協會。

這都是前所未有的。以前的果敢特區有民族地方武裝，一切由當權者說了算。現在的自治區是由國家軍政府交權給地方政府實行自治，國家派員指導地方工作，地方上有國家法律保障，一切都要依法辦事。

「有了國家的監督，果敢正一步步走向法治化。國家先後投入了九十多億緬幣說明地區改善環境，支援地方市政建設。學校從一百四十多所增加到二百一十六所。二百二十個村莊，以前一半不通路，現在只剩三個村待改善。以前農民人均收入二千元，現在光甘蔗種植一項人均年收入已超過六千元。二〇〇九年前果敢私家車不足三千輛，二〇一四年已突破五位數。

「『八八事件』之前，老街最高的房子是八層，只有三間。現在最高的十一層。老街的外來經商人員從之前的二萬增加到現在的六萬。本來我們計畫十年內把老街建設成為一個現代化城市，但是一場戰爭把這個計畫擊破了。」

白應能述說著果敢的發展成就，話題不可避免引向他的父親白所成和彭家聲的恩怨。白應能並不願意直接回應這個話題。「老一輩的恩怨是非不去談。我們只有著眼將來。果敢必須走法治的道路。果敢一度在各方面與國家完全脫節，生活在這個國家，連國家的語言都不通，地方完全處於封閉狀態。要想讓地方避免戰火，只有從教育做起，受到好的教育，心胸寬闊了，也就離戰爭遠了。」

「很多果敢人認為自己受到了大緬族主義的壓迫。根據緬甸憲法規定，三代居於緬甸，身分證是紅色，兩代是藍色，一代是白色。二〇〇九年以前，果敢屬於無政府狀態，身分證都沒有，二〇一〇年大選之後，緬甸推行民族平等。所謂的大緬族壓迫完全是因為語言不通造成的。加上沒有受到良好的教育，一言不合就可能大動肝火，誤會越結越深。俗話說無規矩不成方圓，所有約束變成了大緬族壓迫是說不過去的。」白應能說。

緬甸從動盪中走來，渴望回歸正常國家形態，面臨諸多挑戰。歷史的陋習、割據的軍閥勢力、地緣政治的影響，都成了難以逾越的障礙。

他羨慕中國取得的經濟成就，希望果敢借助和中國的邊貿實現騰飛。果敢人的生活習慣與雲南完全一樣，說的是漢語、用的是人民幣、電話、通訊、日常生活用品全部來自中國，「一二五一城兩國」由中國鎮康縣統一規畫、雙邊聯合開發，緬甸時任總統吳登盛特批「一二五」為國際商業貿易城。「有人說緬甸政府擔心果敢跟中國走得太近，實際上根本不存在這種顧慮。」白應能說。

如今父親白所成退居到臘戍，老街事務完全由白應能負責。彭家聲也是同盟軍精神上的領袖，目前隱居在邊境一處秘密居所，遙控戰事；其子彭大順擔任司令，發言人吞米雅林則是彭家聲的女婿。某種意義上，這已經是一場「果敢二代」之間的較量。

群山的炮聲

那天我在同盟軍營地待了大半天，正午，籠罩在群山的鉛灰色濃霧逐漸散去，槍炮聲開始響起。盧營長決定帶我到最前線參觀。

皮卡車載著營長和副營長以及五名勤務兵，駛到一處山前就停止了。已經聽到越來越清晰的槍聲、炮聲。炮彈在空氣中劃過時發出顫顫巍巍的呼哨聲，隨後在山上激起一陣白煙，「這是校炮，目的是校對地形，下面該是正規的炮擊了。」盧營長說。他要求我服從口令，當聽到炮彈在空中滑行的聲音時，要立刻臥倒。

炮聲越來越頻密。我們不斷跳進山路旁已經挖好的掩體中躲避。在每個用樹枝、塑膠、水泥袋搭建的簡易工事裡，都露出了一張張年輕的同盟軍戰士的臉龐。

在距離緬甸軍隊很近的地方停了下來。副營長說：前方三百米就是緬軍，敵人的火炮離我們也就五百米。同盟軍一方的機槍已經如黃豆般密集打響。剎那間雙方全面交火。

一發炮彈襲來，營長拖我跳進一個貓耳洞掩體。悶熱潮濕，紅土直嗆口鼻。我前面是同樣汗津津的一名同盟軍戰士。黑暗中，營長注視著我，說：「單發炮彈打來我們不用怕，如果集中打開，就不好躲了。」

很快營長的對講機傳出了壞消息，剛才那枚炮彈擊中了和我相隔不到三百米的一個士兵的頭部。戰士當場死亡。

後來我們幾乎是頭肩貼地撤回到山後，二十分鐘急行軍後，在一個埡口停下來，可以看到對面山上中國公路的汽車時，心情放鬆下來。

回到營地已是下午。那具陣亡者的遺體裹在一條印花毛毯裡，被兩名勤務兵用一根竹竿抬了下來。死者穿著綠色行軍鞋的腳，軟塌塌地搭在毛毯外面。他被平放在屋外的空地上，可以看出個子高大，身上滿是汙泥，綠色的軍服幾乎分辨不出顏色，衛生員直接用剪刀剪開衣褲，用樹枝蘸水為他擦洗身體。沖洗的血水流淌了一地。然後給這具蒼白綿軟的軀體換上一身還算乾淨的衣服。由於腦袋被削掉一半，死者的嘴巴一直奇怪地張著。

盧營長已經見慣了死亡。他開始向勤務兵口授作戰筆記，「楊小文（音），上扣塘人，被高射炮擊中頭部陣亡。四十二歲，已有妻室。」

為了避免讓血水汙染到鞋子，一個士兵示意我離清理現場遠點。我走到屋簷下的台階上。此時，營長站起身，一個人走到死者的面前，從兜裡掏出一張嶄新的一百元人民幣，折成一個圓筒，塞到了死者張開的嘴巴裡。又行了一個軍禮。

這是本地風俗，希望黃泉路上有充足的路費。後來他說，仍然會為死者舉行一個有尊嚴的軍人葬禮。我環顧四周，看到一張張面無表情的年輕臉龐。

隨後我離開了這裡。上午的悶熱已經過去。一陣涼風從山中吹來。在讓炮火白煙覆蓋的地方，可以看到一些蔥蘢的樹木被摧毀、折斷，那些鮮翠欲滴的枝葉，急速墜落在山谷下鮮紅的土地上，在寂靜的午後發出微不足道的迴響。

■

上海迷宮

一段以人性丈量中國的旅程

〔flow〕006

作者　楊猛
副總編輯　洪源鴻
責任編輯　洪源鴻
行銷企劃　二十張出版
封面設計　虎稿・薛偉成
內頁排版　宸遠彩藝

出版　二十張出版／左岸文化事業有限公司
發行　遠足文化事業股份有限公司（讀書共和國出版集團）
地址　新北市新店區民權路108-3號3樓
電話　02・2218・1417
傳真　02・2218・8057
客服專線　0800・221029
信箱　akker2022@gmail.com
Facebook　facebook.com/akker.fans
法律顧問　華洋法律事務所——蘇文生律師
印刷　呈靖彩藝有限公司
出版　二〇二五年五月——初版一刷
定價　四五〇元

ISBN｜9786267445723（平裝）、9786267445679（ePub）、9786267445686（PDF）

上海迷宮：一段以人性丈量中國的旅程
楊猛著／初版／新北市／二十張出版，左岸文化事業有限公司出版／遠足文化事業股份有限公司發行／ 2025.05 ／ 272 面／ 14.8X21 公分
ISBN：978-626-7445-72-3（平裝）
1. 中國史
610 113016173